藍學堂

學習・奇趣・輕鬆讀

向12位大師學投資

他們跨世紀的投資修煉，領你走上財富之路

商業周刊——著

華倫・巴菲
WARREN BUFFE

瑞・達利
RAY DAL

霍華・馬克
HOWARD MAR

班傑明・葛拉
BENJAMIN GRAH

查理・蒙
CHARLIE MUNG

安德烈・科斯托蘭
ANDRÉ KOSTOLA

約翰・柏
JOHN BOG

比爾・葛洛
BILL GRO

彼得・林
PETER LYN

威廉・歐尼
WILLIAM O'N

馬克・墨比爾
MARK MOB

喬治・索羅
GEORGE SOR

一本書，通透12位大師畢生智慧精華，
他們的眼光、思考、經驗和原則，
將轉化成你自己的投資養分。

推薦序

大師重紀律，老師講技術

——施昇輝／《只買4支股，年賺18％》、《ETF實戰週記》暢銷作家

這是一本最適合當今大多數人閱讀習性的書。只要看完這一本，就不必再去讀這十二位大師各自寫的著作，因為體貼的編輯已經幫大家整理出他們畢生的投資精華，讓你不只用最少的時間，更只要花最少的錢，就能一窺大師們最重要的核心理念和最寶貴的投資經驗，CP值高到破表。

貫穿所有「大師」的投資心法，其實就是「紀律」兩個字。他們堅持的信念，多半和自己的人生態度和價值觀息息相關，也因為如此，由信念轉換成的操作紀律，他們才能很自然地去遵循。

大多數投資人從來不曾探究自己的投資理念，只想透過「技術」來達到投資獲利的目的，財經媒體上才會出現這麼多的投顧「老師」，來滿足大家的需求。每個人的人格特質、投資習性和風險承受能力都不相同，怎能用同一套技巧來因應詭譎多變的投資市場？

嚴守紀律表現在「大師」的投資行為上，其實就是憑藉著「耐心」。他們從來都不以追求短期績效為目標，也就不會心存僥倖，一定會等到最適當的時機才默默進場，然後在行情絢爛中悄悄出場。反觀大多數投資人都信奉投顧「老師」的邏輯，不是一味追逐強勢股，

就是每天殺進殺出來因應輪動快速的主流個股，結果呢？券商爽賺手續費，投資人卻賠多賺少。

「大師」耐心等待時機，其實非常孤獨，而且絕對是違反人性的。股神巴菲特說得好：「別人恐懼時，必須貪婪；別人貪婪時，必須恐懼！」這道盡了股市贏家的終極祕技。

不只價值型投資大師重視長線趨勢，連最擅長投機操作的科斯托蘭尼也不例外。他最著名的遛狗比喻，提到男子帶狗在街上散步，狗跑前跑後，最終都會回到主人身邊。男子就是經濟局勢，狗則是證券市場。長遠來看，經濟局勢和證券市場發展的方向相同，但在過程中，卻有可能完全反向，因此就會出現投資或投機的機會。

我不是大師，只是一位喜歡分享如何自在投資的大叔，但在看完本書之後，卻也在這些大師身上看到自己的影子。只要秉持適合自己的信念，然後嚴格遵守紀律，投資就會變得非常簡單。

請記得，技術是門道，但紀律才是王道；老師是專家，但大師才是贏家。

推薦序

投資與人生的見林與見樹

——闕又上／財務規畫師（CFP）、暢銷財經作家

投資領域的學習，見林重要，還是見樹重要？如果都重要，何者為先？本書的十二位大師，幾乎都有著作，何不就直接閱讀他們詳細論述的經典呢？

這原是我的疑問，讀完後我卻有了不同的看法。這有點像李安《臥虎藏龍》一場景安排的用意，他把章子怡和楊紫瓊的一場對決，放在一武館裡，且關起門來打，藉此把中國十八般武藝的兵器，好好介紹了一番，這樣老外才能夠知道，中國武術的博大精深和派系之多，所以人稱之為江湖。投資也有股海之稱，海大於湖，派別之多自是令人眼花撩亂；投資者的學習，若一開始就能一睹見林的全貌，再依自己的能力和喜好，專研中意的學派，這時再一窺堂奧，更有其效益。

十二位大師的投資哲學和操作手法，有些相似而多數卻南轅北轍，如不經比較，一頭栽進，原本想的是停車借看楓林晚的相思林，卻發現盡是高聳，看得令人脖子酸的高山冷杉。敗興倒不至於，因各有其美。但因為時間有限，若不能好好專研一家之長，使其發揮得虎虎生風，而淪為樣樣通、樣樣鬆，不僅不能獲得投資成果，還繳了昂貴的學費，且和想過的生活大不同；那倒不如一開始見林，有了宏觀的全貌，了解真想尋幽探訪的位置，再好好徜徉

其中，這會更見樂趣和收穫。

你要不信，看一下這十二位大師的操作風格和投資哲學，有許多大相逕庭之處。因為彼此的背景不同，面對的環境不同；這些差異性，投資者要是事先不了解和對比，就可能畫虎不成反類犬。

例如，以新興國家市場為投資標的的墨比爾斯強調「分散持有」，而有股神推手之稱的蒙格則偏好「核心的集中投資」。因為新興國家股市的流通性不如成熟的已開發國家，其公司規模的大小，面對全球市場的競爭利基，都還達不到世界級的標準，在這種情況下，分散持有是對風險的控管。

投資該不該停損？那要看你問的是哪一位大師？有技術分析成分的歐尼爾，他的停損落在切入點的七%，未經練習或有一定功力的人，股市一個震盪很容易就觸及而出場。像台灣的績優公司台積電，自從一九八七年上市以來，成長超過四十倍，不懂操作者，左邊一個停損、右邊一個停損，在停損機制中被砍得面目全非，慘不忍睹。成長學派的林區，卻告訴投資者「股價下挫，永遠不是賣出股票的好理由，當公司基本面還是很好，股價卻下跌時，不但要抱緊持股，最好逢低加碼」。他說：「投入股市需要堅定的意志，因為股市總是把意志不堅定的人拿來當墊背。」

歐尼爾與林區的操作幾乎是完全相反，兩者投資哲學不同，切入點也完全不同，林區對公司的營運和財務報表等基本面不僅知之甚詳，可以說鉅細靡遺，這就不是歐尼爾靠資料庫的篩選可以比擬，那個基本功夫下的深淺是不一樣的。

再則，葛拉漢考慮以「安全邊際」來保護投資，和科斯托蘭尼所謂的「投機」，兩者對投資報酬的期望和目的不同，這些不同的操作風格，不經比較就容易見樹而不見林，投資者也可能就此誤入。

而不同的投資哲學和操作手法，所需要投入的管理時間也大不相同，可以說，大師的成功手法可以學習、靠近，但是要做自己，特別是要和自己想過的生活結合。

主動投資好？還是被動投資好？在我看來兩者都好，各有其適合的對象。想參與經濟的成長，但用最少的時間和成本，那麼柏格的指數基金投資法，這種被動的操作就是最好的選擇，如果還能搭配資產配置（asset allocation）的概念，將會表現得更虎虎生風，有興趣的讀者可以藉此深入延伸、探討這個議題。

至於想要獲得超額的投資報酬者，主動投資的操作自然是不可迴避的選項之一，本書中多數的大師都屬於此學派，難嗎？林區說，股票的漲跌比一般人想像簡單得多，他是以業餘投資者散戶的方式來思考選股的策略。話雖如此，讀者也可別忘了，台上三分鐘台下十年功，他的績效可是每週超過八十個小時所換來的，這還不包含他的經驗和天資。

而股神巴菲特成為全世界投資界的標竿和偶像，不只是他的投資績效，幾乎前無古人，後無來者，雖然現在還無法定論，但是肯定很難、很難。不僅績效，他以世界富豪之尊，捐出財富的九〇%，也帶動了全世界富豪的兼善天下之風。他在投資跟人生這兩個領域，創造的典範跟許多轉身的蛻變，不但華麗而且豐富多彩。我定義他是一本「讀你千遍也不厭倦」的經典好書，看巴菲特如果只看投資，那你就錯過太多風景了。

那誰是你心儀的大師，也可模仿的呢？一次呈現十二位大師的投資哲學和風格，正是本書的價值之一。就算不喜歡投資的讀者，也可藉這本書發現成功者的特質，許多大師竟然是跨領域的，例如：蒙格原是學習法律；墨比爾斯竟然是學習藝術；也有熟悉音樂的高手科斯托蘭尼……有趣的是，這些大師對藝術、哲學、歷史和音樂都有涉獵，這提供了他們在投資分析和決策時的另類養分，不容小看。

除了大師們的相異之處外，成功的投資有其共同點嗎？當然有，讀完本書你就會發現被提到最多的四點：一、做你最熟悉的；二、學會情緒控管；三、以簡馭繁；四、有勝算時的奮力一擊和加碼，還有更多的相同點留待讀者來發掘。

本書的精彩之處，重點不在談投資技巧之「術」，而是投資的「心法和觀念」，一如廣告一則，鑽石恆久遠一顆永流傳，心法和觀念亦如是。

向不同投資大師學習的關鍵思考

——Mr. Market 市場先生／財經作家

在向投資大師們學習的過程中，我認為最有價值的問題是：「為什麼這個投資大師，和另一個投資大師的說法不一樣？」

有的大師說不要買成長股，有的說要找高成長的潛力股。有的大師強調集中投資；有的提醒不要集中、應該廣泛分散。有的大師建議你被動投資，如買ETF及指數基金；有的大師告訴你選股的技巧。有的大師提示你投資債券的訣竅，有的大師表示買股票就好，不要投資債券。

到底這中間有什麼差異呢？

我認為，釐清這些差異才能真正幫我們理解一位投資大師的核心理念，也才能真正把投資大師的方法、觀念，套用到自己的投資當中。

以下分享三個向投資大師學習時，應該有的關鍵思考：

一、了解自己的能力圈

股神巴菲特與先鋒基金的柏格，都曾建議投資人指數化被動投資，不要選股、擇時，廣泛分散如用ＥＴＦ投資全市場就好。

但實際上我們也會觀察到，巴菲特及其他許多專家自身都是主動投資的專家，也曾分享挑選好股票的許多建議。

那我們應該聽從大師建議，進行指數化投資，還是應該效法他們的實際做法，進行主動化的選股擇時操作？

關鍵在於，我們是否對自己的能力有正確的評估。

假如你認為自己擁有額外的能力和資訊，像大師一樣主動投資也許是一種選項。但對多數人來說，積極操作不見得能得到更好的成果，被動投資其實是更適合大多數人的選項。

記得謹守這項原則：了解自己的能力範圍，不去做超出能力範圍的投資。

如果對此感到困惑，那嘗試高比例的被動投資，加上小比例的主動投資，一段時間後，投資人應該也可找到更適合自己的答案。

二、了解個人風險承受能力的差異

在談許多投資大師的成就時，我們大多討論的是他們的長期報酬率，例如巴菲特早年長期年化報酬率約二〇％，林區任職富達基金經理人期間的年化報酬率約三〇％。

但有一點大家經常忽略，就是投資的風險。

如果說，你有機會得到和大師類似的報酬，但中間某一年可能出現負三〇％，甚至負五〇%，你能夠承受嗎？

實際上如果我們單看風險，無論是巴菲特或其他投資大師，生涯中投資組合的風險，跟整體大盤的風險並沒有太大差異，有些甚至風險更大。

多數投資大師的本職是管理投資組合的經理人，而且多數管理的是股票型基金。他們無須在意報酬劇烈的波動，因為發生股市大跌時，通常整體大盤的多數股票都同時下跌，而基金經理人要做的，是在大跌的年度盡可能不要落後其他人，而非保持穩定績效。

但基金經理人能承受的風險，一般人不見得能接受。有多少人會在這種劇烈波動的過程，忍不住虧損而賣出呢？想通這一點，在向大師學習的過程中，你會更知道怎樣的觀念方法才適合自己。

三、了解時代背景的差異

在過去百年間，產業的發展與變化，在不同階段差異巨大。從鐵路交通運輸到貿易蓬勃發展，從能源成本降低到工業生產力崛起，進而全球貿易逐漸崛起，逐步推向全球化分工，再到電腦與電子科技產業運算力大幅提升，網路與通訊的崛起。

每個時代的經濟與企業都有不同的重點、特性，這也讓投資分析並無法一體適用到所有企業。舉例來說，用衡量資產淨值的方式來為企業估價，也許適合幾十年前主流的工業公司，但無法衡量近年許多科技產業的價值。

每個投資大師經歷的時代背景不同，有不同的經濟狀況、主流投資工具，也因此他們的思考方式、著重的重點也因此有差異。

在閱讀大師的投資分析方法時，同時加入歷史的時間軸線發展，能幫助投資人更深入理解各種分析背後的核心原理。

當你能了解不同專家、不同看法之間的差異，代表你對這些方法的本質、前提，有足夠的理解。

投資人在閱讀本書、向投資大師們學習時，希望上面三點思考，能幫助你從中得到更多的收穫。

目次 Contents

前言

投資是一門困難的學問，不然不會大戶總是贏家，占大多數的散戶則虧錢居多。

但投資也可說是一門簡單的學問，投資學派形形色色，市場也五花八門，每種學派都有成功的案例，每個市場都有賺錢機會，只要精通一套投資法則，或是洞悉某個利基市場，每個人都有機會從中賺取數不完的財富。

只是該如何找出最適合自己的投資方式，在投資市場中淘金呢？不如就研究近年來重要投資大師的成功方法。

這本書精選《商業周刊》歷年來的投資大師介紹，並進行編輯、改寫，詳述各類型的投資大師怎麼踏入投資世界，並歸納、整理大師的投資智慧。每位讀者都能從中輕鬆掌握大師的成功精髓，挑選適合自己的方法學習。

其中，歷久不衰，而且持續在市場上引領風騷的投資學派，就是價值投資法。這門學派最知名的大師，莫過於波克夏．海瑟威公司（Berkshire Hathaway，後以波克夏表示）董事長華倫．巴菲特（Warren Buffett），他不但是第一位因專職投資者身分而成為首富的人，也持續撰寫股東信推廣價值投資，教育投資人如何看待投資。

而影響他最深、也對價值投資法產生莫大影響的兩個人：一個是他的導師、價值投資之父班傑明．葛拉漢（Benjamin Graham）；另一個則是他的重要合夥人查理．蒙格（Charlie Munger）。葛拉漢教導巴菲特計算投資標的的內在價值，在價格遠低於內在價值時買進持有；而蒙格則是影響他，轉而以合理的價格買進優異的公司。

當然，價值投資大師輩出，新一代的價值投資大師莫過於橡樹資本（Oaktree Capital Management）創辦人霍華・馬克斯（Howard Marks）。馬克斯擅長評估不良債權的價值，因此得以在大家視為高風險的商品中獲利。

避險基金也是近期很多人關注的領域。最知名的避險基金經理人，當然是量子基金的創辦人喬治・索羅斯（George Soros）。索羅斯擅長看出市場失衡的地方，並藉由押重注賺取高額報酬，積極大膽的操作，常令全球央行聞風喪膽。

另一位知名大師則是橋水基金創辦人瑞・達利歐（Ray Dalio）。達利歐多年來蒐集各類市場的數據，並輸入電腦建立模型，找出減少風險並增加報酬的投資策略，這套策略也帶領橋水基金公司多年來蟬聯全世界最大避險基金公司的地位。

如果想要知道如何選股，就不得不提到系統選股大師威廉・歐尼爾（William O'Neil），他的CANSLIM選股法則歷久不衰，透過電腦的輔助，投資人可以輕鬆找出適當的投資標的，因此仍是現代人經常使用的選股方法。

當然，如果對電腦不是那麼熟悉，也可以學習傳奇基金經理人彼得・林區（Peter Lynch）的做法，他擅長從生活中找出適合投資的標的，像是最新竄起的商家、近期流行的商品等，從中發掘漲十倍的股票。

相反地，如果不想要煩惱選股問題，就可以關注先鋒基金創辦人約翰・柏格（John Bogle）的看法。他深信投資人很難靠選股長期打敗大盤，還不如投資指數型基金，賺取平均報酬，指數型基金的費用低，長期績效佳，如今已成為投資主流。

在不同的市場，也各自有投資大師值得關注。

例如在債券市場，一定要提到太平洋投資管理公司（The Pacific Investment Management Company）創辦人比爾・葛洛斯（Bill Gross），他的績效連續四十多年打敗債券市場的報酬率，操盤的資金一度高達一・二四兆美元，接近二〇一九到二〇二一年全世界第十六大經濟體一年的國內生產毛額（GDP）。他善於進行總體預測，並根據預測下注，每個人都爭相關注他對當前市場的看法。

至於在新興市場，就不得不提到有新興市場教父之稱的馬克・墨比爾斯（Mark Mobius），他研究新興市場四十多年，只要他出現在哪個市場，就代表那裡是下一個主要市場。

最後，莫忘投資市場就是人性修煉場，既有穩健投資人，也有投機操作者。最知名的投機大師就是德國股神安德烈・科斯托蘭尼（André Kostolany），他敢於在經濟大恐慌與股災時期與多數投資人逆向操作，毫不畏懼地等待市場反轉。他的遛狗理論深刻說明市場容易超漲超跌的特性，值得所有投資人銘記在心。

Chapter 1

華倫・巴菲特

股神從投資初期的三種策略，
轉向經營者思維

Warren Buffett

如果要問誰是最有名的投資大師，相信大多數人第一時間都會想到巴菲特。巴菲特是少數以投資成為首富的人，他崇尚價值投資法，不跟隨潮流殺進殺出，即便一時錯過某些大行情而被冷嘲熱諷，依舊堅持自己的步伐，不隨行情起舞。他認為，投資應該要看三年、五年之後的表現，而不是一週、一個月或一年的表現。長遠來看，他的投資眼光精準，不但躲過科技泡沫破滅、金融海嘯等空頭行情，還能握有大筆現金，在金融海嘯期間趁企業落難時出手撿便宜。

如果從一九六五年開始投資巴菲特管理的波克夏公司，到二〇二二年底，年化報酬率將高達一九・八%。這意味著，如果在一九六四年投資一塊錢到這家公司，二〇二二年會變成三萬七千八百七十四・六四元。

拿錢給巴菲特投資的人不只收穫滿滿，每年四月底、五月初，還可以到公司總部所在的奧馬哈（Omaha）參加股東會，在這兩天的嘉年華會中，除了可以買到限定紀念品，還可以親自向巴菲特與蒙格請教提問。

不管在任何公開場合，巴菲特都展現了幽默的態度，他尤其愛寫東西，每年他都會親手寫一封「致股東的信」，對股東交代過去一年的營運。他擺脫制式的財報格式，在股東信中會用「我們」、「你」為人稱，還經常以「我告訴過你」為句子的開頭，拉近與股東間的距離。《時代》（*TIME*）雜誌曾在一篇描述巴菲特的文章時寫道：「他（巴菲特）的祕密就是沒有祕密，因為他都寫在每年的報告裡。」

從小就喜歡賺錢，累積雪球的雪花

巴菲特會成為首富並非偶然。他從小就有做生意的天分。六歲就從開超市的爺爺店裡批貨賣口香糖，晚上在社區裡一戶一戶敲門推銷，巴菲特回憶「我還記得有位維吉尼亞・麥可維（Virginia Macoubrie）太太對我說，『我要一片果汁口香糖』」。他回答她：「我不拆開來賣。」他認為，一包口香糖五分錢，但她只想和他做一分錢的買賣。雖然顧客上門很誘人，但這還不足以讓他改變原則；如果拆開單賣一片，意味著他得承受另外四片賣不掉的風險，這就像最初的幾片雪花，是他未來財富雪球的基礎。

有一本書對於青少年的巴菲特影響非常大，書名是《一千種賺進一千美元的方法》。那本書有一張瘦小的男人面前堆了一大堆銅板的照片。「機會來了，現在是美國歷史上最有利於以小筆資產開創事業的時候，」書裡寫到：「但假如你沒有開始去做，就永遠不可能成功。」

青少年時期，他開始送報紙的生涯，每天早上四點半，睡眼惺忪地起床，剛開始只送一份報紙，漸漸增加到三份，最後甚至爭取到一份通常只有成年送報者才能應付的報紙。不過，當時美國正在二次大戰，許多人的經濟狀況並不好，他最大的擔憂是顧客會溜掉，不付報費。因此他開始給電梯女服務生小費，請她預先通知住戶搬遷的消息。

除了送報紙，他還會挨家挨戶詢問是否有舊雜誌要回收，他不只從回收中賺錢，還會檢查雜誌上的標籤，判斷每一個訂戶的雜誌到期日，在到期之前上門推銷新雜誌。就這樣靠送報紙、推銷雜誌，巴菲特十三歲就開始繳稅，十四歲就有接近一千美元的存款！

十一歲開始投資學到的三點教訓

因為父親從事證券經紀工作，巴菲特很早就注意到股票市場。他在十一歲開始投資股市。當時的他對股票了解有限，只記得父親常常向客戶推薦一檔叫「城市服務」的優先股。於是他說服姊姊多麗絲（Doris），透過父親，一人花一百一十四．七五美元，各買下三股的股票。

到了那年六月，這支股票從巴菲特進場時的每股三十八．二五美元，一路跌到了二十七美元。多麗絲每天上學的路上都會「提醒」巴菲特，她的股票正在一路往下跌，所以巴菲特備感壓力。

因此，當這支股票終於漲到四十美元時，巴菲特決定獲利了結出場。但這支股票之後卻一路飆漲到兩百零二美元。巴菲特從這件事學到三個教訓，第一個教訓是：不要老記著買進的價格；第二，絕對不要不加思考，看到眼前小利就落袋為安；第三，如果沒有把握，就不要隨便跟別人合夥投資。

巴菲特發現自己得花上好多年才能賺回「損失」，所以他絕對不會忘記這個教訓。

華倫・巴菲特大事紀

年份	歲	事件
1930	0	／在美國內布拉斯加州的奧瑪哈出生
1936	6	／在家中擺攤兜售口香糖，第一次賺錢
1941	11	／買進第一張股票
1942	12	／父親當選美國眾議員，與家人搬到華盛頓特區
1947	17	／進入賓州大學華頓商學院攻讀財務與商業管理，兩年後轉學到內布拉斯加大學林肯分校，一年內取得經濟學學士學位
1950	20	／申請哈佛商學院被拒，考進哥倫比亞商學院，遇見一生的投資導師葛拉漢，一年後取得經濟學碩士學位
1951	21	／開始在父親公司巴菲特福克（Buffett-Falk & Co.）擔任投資推銷員
1954	24	／在葛拉漢・紐曼公司擔任證券分析師
1956	26	／葛拉漢退休，巴菲特和親友成立合夥公司，擔任合夥人，募集資金操盤
1957	27	／掌管資金30萬美元，年末增加到50萬美元
1962	32	／開始買進波克夏股權
1965	35	／入主波克夏公司，未來將這家紡織廠變成投資控股公司
1968	38	／巴菲特合夥公司的績效破紀錄，高達46%，巴菲特掌管的資金增加到1億400萬美元，其中巴菲特擁有2500萬美元。但5月清算巴菲特合夥公司
1969	39	／第一次進入《富比世》(*Forbes*)美國四百大排行榜
1970	40	／擔任波克夏公司的董事長兼執行長至今，執筆第一封股東信
1973	43	／持續買進《波士頓環球報》與《華盛頓郵報》
1990	60	／巴菲特身價達到10億美元
1991	61	／將83%的財富捐給比爾暨梅林達蓋茲基金會，創下美國有史以來最大慈善捐款紀錄
1993	63	／第二次成為《富比世》排名的世界首富，比爾・蓋茲為第二名

年分	歲	事件
2007	73	獲選為《時代》雜誌世界百大最具影響力人士
2008	78	在金融危機最嚴重的時候，斥資50億美元入股高盛，並在《紐約時報》（*The New York Times*）發表〈我正在買進美股〉的文章，力挺美國經濟。當年並成為《富比世》全球富豪榜首富
2011	81	趁美國銀行暴跌時買進股票與選擇權
2016	86	買進蘋果公司股票，直到2023年第一季占波克夏投資組合比重高達45%
2020	90	以60億美元買進日本五大商社
2022	92	以41億美元買進台積電ADR，但隔年很快因地緣政治關係考量，全數賣出

跟葛拉漢學投資

高中時，巴菲特就已經確信自己在三十五歲時會成為百萬富翁，他對股市投資頗有心得，也累積一筆財富。因此大學快畢業時，他認為可以先進哈佛商學院進修，不到職場工作。他相信以他對股市的豐富知識，必然能讓面試官留下好印象。

但是他卻誤解了哈佛大學的使命，哈佛大學的目標是希望創造領導者。他跟面試官自我介紹時，面試官馬上看穿他的自信來源。巴菲特回憶：「我外表看起來像十六歲，心理上卻只有九歲。我只和負責面試的哈佛校友談了十分鐘，他評估我的能力後，就拒絕了我。」

但對巴菲特而言，被哈佛拒絕說不定是幸運的。他改申請哥倫比亞商學院，在那裡遇見投資導師葛拉漢。他的同學回憶說，在課堂上，每當葛拉漢提出一個問題，巴菲特總是第一個舉手，而且馬上開口說個不停。巴菲特從葛拉漢那裡學到價值投資的幾項重要原則，包括：買一檔股票，就是買那家公司一小部分的權利；安全邊際很重要，可以預防超乎預期情況出現所造成的損失；還有市場先生是你的僕人，而不是你的主人，要善用市場先生提供給你買低賣高的機會。這些原則成為巴菲特未來的操盤基礎。

畢業後，巴菲特花了一番功夫（參考第47頁），終於在二十五歲時離開故鄉，來到夢寐以求的紐約，在葛拉漢・紐曼（Graham-Newman）投資公司工作。這一段時間，他開始發揮偵探般的精神研究股票，巴菲特會親自前往穆迪（Moody's）或標準普爾（S&P）的辦公室淘金。

巴菲特回憶：「我是唯一出現在他們公司的人。他們甚至不問我是不是顧客，就給我四、五十年前的檔案。他們沒有影印機，我就坐在那裡用筆抄下附註和許多數字。他們有間圖書館，但你不能自己去找資料，要請他們拿。我會列出像澤西貸款（Jersey Mortgage）、銀行家商務（Bankers Commercial）等從來沒有人要的公司資料……如果這家公司就在附近，我就會到公司去見他們的主管。我從不事先預約，卻也見到不少主管。」

依照此辦法，巴菲特找到了一家位於美國麻州的聯合街鐵路公司（Union Street Railway）。根據巴菲特的計算，這家公司擁有一百六十輛巴士、一個遊樂園、為數眾多的美國政府債，還有大把大把現金在手。「大約每股六十美元的現金」，但他進場時，這家公司的股價卻只要三十到三十五美元。

為了更深入了解這家公司，巴菲特還特地從紐約開車前往麻州拜訪。「我大約早上四點起來，開去新貝德福德（New Bedford）」，巴菲特回憶。他和公司執行長馬克・道福（Mark Duff）相談甚歡，正當巴菲特轉身離開之際，道福透露，「順道一提，我們正在考慮要減資，發還現金給股東」。最後，他們果然每股退還了五十美元。

這筆投資替當時二十五歲的巴菲特賺進了兩萬美元，等於把他投入的資金翻了一番。當時，這是一般人工作好幾年的薪水。

設立公司，開始操盤生涯

隨著巴菲特的導師葛拉漢退休，巴菲特也離開葛拉漢・紐曼公司，在一九五六年五月一日成立巴菲特聯合有限公司（Buffett Associates Ltd.），開啟操盤生涯。他在這段時間奠定自己的投資風格，也開始撰寫給股東的信。因為操盤的資金還不算太多，因此能挑選較小的公司投資，投資績效也比較好。從一九五六年到一九六九年公司結束，年化報酬率高達二五・三％。

一九七〇年以後，巴菲特專心經營波克夏，這原本是一家紡織公司，但是在他入主後，開始併購保險公司，並利用保險公司預先收取的保費，拿來投資運用，最終成為世界上最知名的投資控股公司。

巴菲特所有著名的投資成就，幾乎都發生在經營波克夏時期，像是一九六七年買下國家賠償公司（National Indemnity）、一九九五年收購蓋可公司（GEICO）、一九七三年開始買進《波士頓環球報》（*The Boston Globe*）與《華盛頓郵報》（*The Washington Post*）、二〇〇八年買進比亞迪，並在金融海嘯後援助高盛銀行、二〇一六年買進蘋果公司股票、二〇二〇年買進日本五大商社，甚至二〇二二年買進台積電ADR等。每次市場得知他的投資動向，都會進一步帶動投資標的上漲。

截至二〇二二年底，波克夏公司已經是八家上市公司的最大股東，包括美國運通

（American Express）、美國銀行（Bank of America）、雪佛龍（Chevron）、可口可樂（Coca-Cola）、惠普公司（HP）、穆迪公司、西方石油公司（Occidental Petroleum Corporation）和派拉蒙全球公司（Paramount Global），而且蘋果公司更是他的最大持股。

不買網路股，反而避開科技泡沫

但巴菲特的操盤並非一帆風順。一九九九年，是波克夏表現落後標準普爾五百指數最多的一年。當時全球股市瘋狂沉浸在網路業逐夢的幻影中，一九九九年初到二〇〇〇年三月，代表科技股走勢的美國那斯達克指數（NASDAQ）大漲了一‧三倍，同期標準普爾五百指數也漲了二四%，當全球市場積極搶進科技股之際，巴菲特逆向操作，不買網路股。

巴菲特此舉引發市場譁然，一九九九年十二月二十七日，權威投資雜誌《霸榮》（*Barron's*）以標題〈巴菲特怎麼了？〉為文批判巴菲特，在文章一開頭就寫道：「經歷三十多年的不敗投資，巴菲特可能已經失去魔力。」

《霸榮》特別在文章中把波克夏當年的股價表現，拿出來跟保險巨擘美國國際集團（AIG）及標準普爾五百指數比較，用走勢線圖呈現，以「表現落後」為標題，諷刺巴菲特不僅輸了標準普爾五百指數，甚至還落後不是科技股的保險同業AIG。報導還提到，越來越多投資人認為巴菲特太過保守，甚至已經過時。對此，《霸榮》特別要求巴菲特要回應，不過，當年巴菲特選擇沉默，拒絕《霸榮》的邀訪。

當時全世界風靡網路股，雅虎（Yahoo!）股價飆破一百一十八美元，亞馬遜的股價衝高到一百一十三美元，巴菲特就是不為所動。當全世界的人都往左走，只有他孤獨地站在右邊，長達三年，他堅持「不買看不懂的東西」。這是需要非常大的勇氣，別忘了巴菲特必須面對近三萬名股東。誰都不敢斷言這是一個過氣老頭子的無謂堅持，還是一個遠見者，包括巴菲特本人。

但市場很快就還他清白。二〇〇〇年三月過後，網路熱潮終於禁不住過度膨脹的壓力開始出現泡沫，一直到二〇〇二年十月底，那斯達克指數在兩年半內跌了七四%，雅虎股價跌到不到五美元、亞馬遜（Amazon）股價重挫至六美元，電信設備大廠思科（Cisco）一樣逃不過股價重挫九成的慘況。

當泡沫一個個跑出來，波克夏則成功躲過這場一九九〇年代以來全美最大的股市泡沫浩劫。巴菲特股神的江湖地位於是更加確立。

投資哲學一：投資初期的三種策略

從投資策略來看，巴菲特在早期與晚期有些不同。在聯合有限公司時期，他主要採用三種投資策略：低估型投資、套利型投資和控制型投資。

第一種投資策略：低估型投資

第一種是低估型投資，這是指投資價值普遍遭到低估的股票。這類型的投資還可分兩類，一類是「經營者低估型股票」；另一類則是「相對低估型股票」。

經營者低估型股票通常不受大家關注，也不被市場青睞。但因為股價超值，所以值得投資。這些股票有時會很快上漲，但多數時候要等很多年才會恢復價值。巴菲特曾舉一個案例，那就是聯邦信託公司的投資。這家公司在巴菲特開始買進時，實質價值保守估計是每股一百二十五美元，而且每股獲利高達十美元，但因為沒有發放股息，所以股價偏低，約五十美元。巴菲特花一年時間取得一二%的股權，平均成本五十一美元。後來因為有其他更好標的，所以在每股八十美元的價格賣掉股票。

相對低估型股票則是公司規模大到無法全面收購的股票，但是這些股票的價值相對同業來說顯得低估。這類型的股票風險較大，因為沒有人可以買進股票到能掌控公司，促使公司改革，進而反映出公司真正的價值。

因此巴菲特會採取避險的技術，降低評價標準改變的風險。例如，在買進一檔本益比十倍的股票時，同時放空一檔業務相近、本益比二十倍的股票。這樣的話，如果買進的股票本益比降到八倍，那放空的股票可能跌得更多，就可以從放空的股票中彌補持股的虧損。

第二種投資策略：套利型投資

第二種類型是套利型投資。一般的套利通常是指，當同樣的商品在不同的地方有不同的價錢時，就可以在便宜的地方買進此商品，拿到昂貴的地方賣出，賺取價差。巴菲特幼年批口香糖挨家挨戶銷售就是同樣的模式。

另一種的套利，則是尋找併購交易已經公開、但尚未完成的公司，押注交易會完成，買進被併購的公司股票進行套利。這個原理是，當一家公司宣布有意收購某家上市公司時，被收購公司的股價往往會上漲到接近收購價，但由於交易可能破局，加上資金有時間價值，因此會產生價差。巴菲特希望找到價差夠大、成功機率夠高的交易，從中套利。

一九六〇年代，石油與天然氣業者的併購案時常出現這種機會，巴菲特在一九六二年就曾利用德州國家石油（Texas National Petroleum）賣給加州聯合石油（Union Oil of California）的交易來套利。他在併購條件公布、但尚未併購完成時，買進德州國家石油的債券、股票和認股權證，坐等併購完成，這筆交易的年化報酬率約在二〇%左右。

二〇二二年，微軟（Microsoft）宣布收購美國遊戲大廠動視暴雪（Activision Blizzard），原先預計二〇二三年六月完成，這讓巴菲特嗅到機會，對原本持有的動視暴雪股票大舉加碼，他在股東會上提到，看好這次併購會成功，所以進行併購套利。不過由於監理機關的審查延宕，巴菲特在二〇二二年第四季也減碼，反而沒有賺到錢。

巴菲特曾描述：併購套利成功時，如同「在其他人賺了九十五美分之後，賺到最後五分錢」。併購套利若失敗，則可能必須付出高昂的代價：你不但賺不到最後五分錢，還可能把之前賺到的九十五美分吐回很大一部分。而微軟併購動視暴雪的情況似乎就是這樣。不過，這宗交易是否能順利完成直到目前為止，結果仍未知。

第三種投資策略：控制型投資

第三種策略則是控制型投資，這是利用資產負債表來計算公司價值，在股價偏低時取得公司控股權，要求經營高層改造企業，實現企業價值。對巴菲特來說，這通常是將原本低估型投資變成控制型投資。最著名的例子就是波克夏。原本巴菲特是以每股七・六〇美元買進，到一九六五年春天大幅加碼取得控制權，平均成本在十四・八六美元，而公司在一九六五年底的營運資金淨值就高達每股約十九美元。

不過它原本的紡織事業並沒有前景，因此巴菲特介入公司經營之後，逐步縮減紡織事業，將其轉型為控股公司，如今波克夏的股價已經超過五十一萬美元。

投資哲學二：後期以八大價值投資法則，篩選績優公司

不過隨著巴菲特的操盤金額持續增加，規模較小的投資已經沒有效益。因此在後期他接受蒙格的建議，改以在合理的價格買進績優的公司。他投資的公司，不管是可口可樂、卡夫・亨氏食品（Kraft Heinz）、蘋果公司、美國銀行等，都符合他向來強調的「價值投資法

則」：

一、必須是消費壟斷企業

二、產品簡單、容易了解、前景看好

三、有穩定的經營史

四、經營者理性、忠誠，始終以股東利益為優先

五、財務穩健

六、經營效率高、收益好

七、資本支出少、自有現金流量充足

八、價格合理

這八大法則中的前七條，說明他青睞的企業必須具備某些「內在價值」（intrinsic value）。所謂**「內在價值」指的是，一家企業能創造的現金流量現值**。現值是根據利率來計算，這是一個估計值；每當市場利率改變，或是企業未來的現金流量遭到修正，「內在價值」的估計也得跟著調整。

最後一條，則是彰顯他的堅持：投資任何一家具備「內在價值」的企業一定得用一個「合理價」，這個合理價必須有「安全邊際」，除非看到「安全邊際」，否則絕不出手。

投資哲學三：專注能力圈內的投資標的

「內在價值」很難估算，即使是能力再強的分析師，估計企業未來的情況也很容易出錯。為了避免犯錯，巴菲特堅持：只專注投資自己懂的企業，因此投資時，要確認自己是否有能力評估這家公司，也就是要在「能力圈」內投資。

因此，巴菲特投資的企業大多只有一或兩項單純的業務，這是因為他可以從單純的業務內容來估算其未來成長率，繼而推算其現金流量。例如，他投資的富國銀行（Wells Fargo）就很少次貸債券之類的複雜商品。如果投資的企業簡單容易了解，又具有壟斷性，自然不需要企業提供太多資料，就能推算出這家公司能夠創造的真實現金流量。

可口可樂等食品公司在他眼中，不僅符合消費壟斷、產品簡單、前景看好等價值投資法則，同時，還是對抗不景氣最好的標的。可口可樂的品牌形象建立已超過數十年，已經沒有人可以取代，而且就算原本的領導者跑了，品牌持續存在，產品的銷售永遠不會受到影響。

巴菲特提到：「這項產品自一八八六年開始，就連結起幸福、美好、心曠神怡的概念。很難打擊這些品牌，因為它明顯地為人們帶來巨大的滿足，全世界都一樣。要將一個品牌深植人心是一項艱鉅的任務，品牌就是承諾。」

而巴菲特在一九九九年網路股狂飆時沒有投資，就是因為他看不懂網路公司的營運模式和獲利基礎。後來，美國網路股由於收費機制遲遲無法建立和電子商務的成效遠低於預期而突然崩跌，並引發全球高科技股回檔，巴菲特全身而退。

巴菲特說：「被網路股引誘的投資人，就好像參加舞會的灰姑娘，沒有在午夜的期限之前趕緊離開，結果漂亮的馬車又變回南瓜。不過最大的問題在於，這場舞會上的時鐘並沒有指針。」

投資哲學四：用經營公司的態度，長期投資

巴菲特另一個投資哲學則是長期持有。巴菲特說：「一生不必做很多投資決定，只要做對幾次就行了。」巴菲特常常自嘲是個「又懶、又笨」的人。這麼多年來，他選和買股的動作不多，賣股的動作更少，他表示：「四十年的投資生涯，我只靠十二個正確的投資決策，就讓我今天小有不同。」

正因為要長期持有，巴菲特還提醒大家，要買體質良好的公司，而非只迷信明星執行長的光芒，一旦執行長換人，公司獲利也會慘跌：「你應該選擇投資一些連笨蛋都會經營的企業，因為總有一天這些企業會落入笨蛋手中。」

巴菲特在一九八八年給股東信中提及：「當我們發現自己持有兼具傑出企業與傑出經理人的股票股權時，我們持有這些股票的時間，將是一直到永遠。」他說：「如果你不能安心抱一樣東西十年，那你就十分鐘都別擁有。」

關於巴菲特，曾有個知名的小故事。有一回，巴菲特在地上看到一毛錢，他彎下腰拾

華倫・巴菲特的「雪球理論」

累積雪球，越早開始越好

巴菲特說過：「我很早就開始捏自己的小雪球，如果晚個十年，它在山坡上的位置會和現在很不一樣。」確實，投資就跟滾雪球一樣，越早開始滾動，雪球就會越滾越大。

而想要讓雪球變大，需要兩個條件：一個是坡道夠長，一個則是雪量夠多。若拿來對比投資，坡道就相當於時間，越早開始，就可以利用複利累積財富；而雪量就是投資報酬率，選擇投資報酬率高而穩定的投資標的，遠比波動劇烈與報酬率低的投資標的還要好。

如果投資一元在報酬率10%的標的複利成長，十年後會變成2.59元，二十年後會變成6.73元，而如果是投資在報酬率15%的標的，十年後會成為4.05元，二十年後會成為16.37元。只要善用時間與投資報酬率兩個因素，人人都可以讓財富如滾雪球般快速成長。

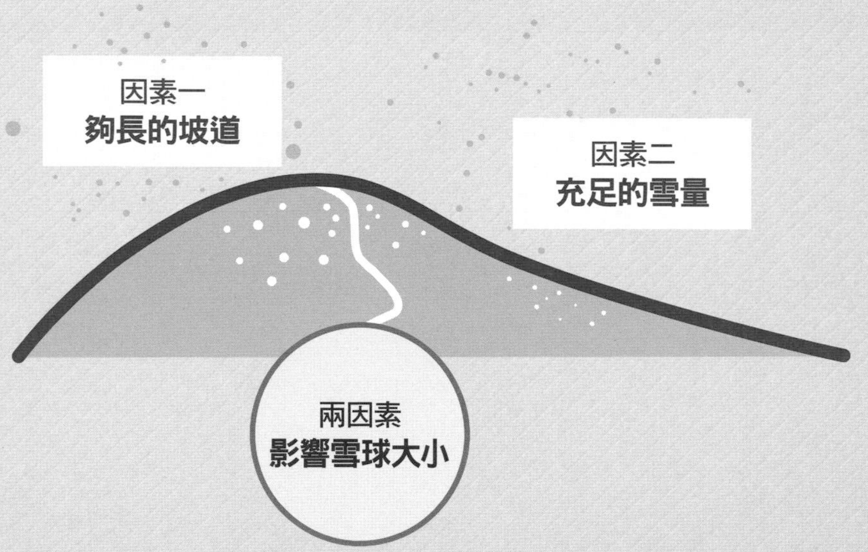

起這枚硬幣。旁邊的人驚訝他這麼有錢的人，卻在乎那一毛錢，不過，巴菲特卻看著一毛錢說：「這是另一個十億美元的開始。」

只要看準好公司，即使是小錢，經過長期投資，在資本市場一定值回票價，這正是巴菲特另一個重要的信念。他說：「我偏愛的持股期限是『永遠』。」

這是因為隨時間經過，「複利」會發揮作用，這就是巴菲特的雪球理論。

當別人將巴菲特視為一名股市投資高手時，巴菲特總是一再表示：「我是用經營公司的態度，來投資一家公司的股票。」不是短期投資，而是長期經營，這才是巴菲特選股精神最核心部分。

投資哲學五：推薦一般投資者，選擇指數型基金的理由

不過，即便巴菲特強調在投資時利用價值選股的重要性，卻建議一般投資人，如果對股票沒有太多研究，那還不如買進指數型基金（Tradition Index Fund, TIF），因為他認為，一般人想要年年都打敗大盤很困難。他特別拿避險基金比較，認為這些基金坐收巨利卻報酬低下，還不如投資指數型基金就好。

一家避險基金創辦人泰德．賽帝斯（Ted Seides）不服，二〇〇八年起他們以一百萬美元賭注，各自投資指數型基金與避險基金，約定十年後見勝負。結果顯示：巴菲特的指數型基金年化報酬率七．一％，遠勝賽帝斯的二．二％，賽帝斯公開認輸。

巴菲特贏的原因很簡單：指數型基金的成本較低。避險基金的行規為「手續費二%，分紅二〇%」，但巴菲特挑的先鋒五百指數基金（Vanguard 500 Index Fund），每年只收〇・〇五%的費用。他提到：「大型專業投資機構，其報酬率反而不如學藝不精的業餘投資者，原因就是費用。」他稱大型投資機構花大錢請顧問，而這些顧問又推薦高費用的經理人，「這是一種笨蛋遊戲」。

巴菲特偏愛指數型基金的第二個理由是：它降低人們花在投資上的時間成本。巴菲特曾稱他每天讀書和文件超過十二小時，這是他能選對個股的原因。但一般人沒這種時間，因此他給非專業投資者的建議是：不要想選出贏家，而是要持有一組企業，「低成本的標普五百指數型基金可達成此目標」。

全球首富也是最節儉的富豪

巴菲特擁有龐大的資產，卻不時提醒股東及投資人，「不要把錢浪費在不必要的東西上，要把錢花在真正需要錢的人身上」。二〇〇六年，他宣布將捐出八五%的資產當成慈善所用，對於兒女，他只留給他們夠用的錢來發展人生目標，而非留給兒女一筆會讓他們一事無成的資產。

如今，巴菲特已是全球數一數二富有的人，不過他仍住在一九五八年買進的房子裡，自己開車，不買名牌，也不從事上流社會的社交活動，他最愛趁打折時買好幾箱最喜歡的櫻桃可樂，配上漢堡，這就是全球首富最愛的食物。

從自己創立操盤公司，到領軍波克夏，堅持獨到的投資哲學將近七十年，加上柔軟的善念與愛心，巴菲特希望投資人賺到財富，也要有美好的人生，他曾界定成功的定義為：「如願獲得所愛之人的愛就是成功，即使是最富有的人，沒有家人跟朋友的愛，還是最貧窮的人。」他對「愛」的重視是許多富豪血液裡鮮少存在的，他曾說過，沒法想像，一個不受愛戴的人，還能自覺成功。

他說，財富只能凸顯億萬富翁的本性，如果有人在致富之前是個混蛋，那麼有錢後，也只是個擁有很多錢的混蛋。

華倫・巴菲特的投資心法

- 短期而言，市場是個投票機；長期來看，則是個體重計。
- 時間是優良企業的朋友，是平庸企業的敵人。
- 用還不錯的價格去買一家很棒的公司，遠比用很棒的價格去買一家還不錯的公司要好得多。
- 市場一片看好時，你要付出的價格非常高。現在的不確定性有利於注重長期價值的投資人。
- 第一條規則，不要賠錢；第二條規則，別忘了第一條規則。
- 去做你喜愛的事，到你最欣賞的人那裡工作，這樣才算盡你所能，給自己人生最好的機會。
- 危機發生時，現金加上勇氣是無價之寶。
- 理想的事業能賺取非常高的資本報酬率，而且能繼續運用賺來的資本去賺那麼高的報酬率。它成了一部複利機器。

Chapter 2

班傑明・葛拉漢

價值投資之父導入科學實證精神，
提倡智慧型投資

Benjamin Graham

一個人的出生年代，會影響他的思考觀點；一個人的思考觀點，也可能改變一整個世代的思維方法。在華爾街市場，被後人尊稱為「價值投資之父」的葛拉漢，正是這樣深具時代影響力的證券哲學家。

葛拉漢一八九四年出生於英國倫敦，一歲跟隨父母親移民美國紐約。父親是瓷器進口商，一九〇三年之前的葛拉漢生長在富裕家庭，受良好教育。九歲時父親撒手人寰，母親獨力撫養葛拉漢三個兄弟，加上伯伯、叔叔揮霍家產，家道中落。這個重大轉變影響了葛拉漢一輩子的投資思想。

母親投資慘賠，使他痛恨投機

當時美國股市正展開一波強勁多頭。一九〇一到一九〇七年投機風潮大盛，大投機家傑西・李佛摩（Jesse Livermore，一八七七至一九四〇年）就躬逢其盛，二十五歲遠從波士頓跑到紐約大展身手，不到三十一歲就躋身百萬富翁，成為華爾街家喻戶曉的風雲人物。

受到時代風潮影響，葛拉漢的母親為了支撐家計，不但變賣家產，還融資買進熱門的鐵路股。不過一九〇七年美股崩盤，李佛摩因為放空股市而贏得「華爾街大空頭」的稱號，同時間的葛拉漢全家卻因母親斷頭出場而跌入愁雲慘霧中。

母親的投機失敗很可能是葛拉漢日後極為厭惡投機的遠因。他在命運捉弄下，學業難以為繼，高中畢業便進入農場工作，從事務農、餵豬與打掃農舍的粗重工作。但十六歲的葛拉漢並沒有被命運打倒，酷愛讀書的他仍私下自修古希臘文。

一年半後，葛拉漢憑著工作積蓄與過去優異的學業成績，順利申請進哥倫比亞大學就讀。他在文學、哲學與數學有突出表現，靠著獎學金在短短兩年半內修完大學學業，以榮譽畢業生和全班第二名的成績畢業，並在校長力薦下步入華爾街。證券經紀商紐伯格公司（Newburger Henderson & Loeb）是葛拉漢的第一份工作，週薪十二美元。這年葛拉漢二十歲，此後他再也沒有離開過華爾街，直到八十二歲止，長達六十二年的歲月都奉獻給證券投資事業。但才工作兩個月，葛拉漢就面臨投資生涯中第一個市場危機：歐洲爆發了第一次世界大戰，美國股市也從當年八月休市至十二月底。

如果葛拉漢早或晚十年出生，美股兩波多頭風潮可能都會讓他像李佛摩成為標準投機客。但初入華爾街的平淡歲月，加上家道中落的務農生涯，卻將葛拉漢形塑成務實、實事求是與不過度冒險的理性投資者。而紐伯格公司恰好也是一家嚴格遵循理性投資紀律的專業證券商。在紐伯格，葛拉漢扎實地學到了華爾街早期飽經風霜人士所終身奉行的簡單投資哲學，那就是少碰財務報表灌水的公司，並聚焦在公司實際所能發放的股息、股利身上。

一九一四年冬天，因為股市休市，葛拉漢只好從證券資訊員，也就是接受投資人報價、並在黑板上抄寫價格的小弟，後轉調為債券業務員與市場研究員。當時，華爾街的證券研究相當簡單，只從公司財報追蹤盈餘狀況；而從事債券分析工作，日後養成了葛拉漢對風險溢酬（risk premium）的嚴謹計算能力。

什麼是風險溢酬？亦即投資人因承擔較高風險所要求的報酬率補償。比如說，投資股票的價格波動風險高，投資人買股票的投資報酬率若沒有高過債券一定差距以上，就不值得冒險。分析該把錢投資在股票或債券上，便牽涉到風險和報酬間的理性權衡與計算。

一個人的命運，除了受時代風潮牽引，初入職場的導師也往往對年輕人帶來深遠影響。有一回，葛拉漢與匆匆地跟老闆建議買進計算制表計時公司（Computing-Tabulating-Recording, CTR）的股票，這是一家為美國統計局提供打卡機、卡片分類機與圖表繪製機器的公司。葛拉漢認為從公司帳面價值與產品潛力來看，非常適合投資。不過，撈過界向老闆推薦股票的葛拉漢不但沒得到肯定，還被潑了一桶冷水。老闆對葛拉漢解釋，CTR的債券利率只有六％，股價已被高估，而且公司財報並不可靠。他說：「班，別再跟我提起這家公司了，我不會用十尺長的竿子去碰它的。」（這是當時他老闆最愛用的表達方式）

但葛拉漢自認投資眼光沒錯。他曾工讀而休學一學期，專門為美國快遞公司研究，因此曾使用過此公司非常進步的計算機產品，對其很有信心；而它正是日後鼎鼎大名的IBM前身。被潑冷水後的葛拉漢冷靜思考：「老闆經驗老到、事業成功，為何會對CTR如此挑剔？」從此葛拉漢更加認真學習如何判讀財務報表，並養成凡事挑剔的觀察力、質疑力與思辨力。這次經驗讓葛拉漢發現，分析師**對企業盈餘成長率的樂觀預測，以及將盈餘成長寄望在不可知的未來，都是投資的大敵**。

班傑明・葛拉漢大事紀

年分	歲	事件
1894	0	出生於英國倫敦
1895	1	全家移民美國紐約
1903	9	喪父
1907	13	美股崩盤，葛拉漢母親因融資買股票而慘遭斷頭，家庭財務陷入危機
1914	20	以優秀成績從哥倫比亞大學畢業，在校長力薦下，進入證券經紀商紐伯格公司擔任證券資訊員，後任債券業務員與分析師
1920	26	成為紐伯格公司的合夥人
1923	29	離開紐伯格公司，成立葛蘭赫基金，資金規模 50萬美元
1926	32	與朋友合夥成立葛拉漢・紐曼基金
1928	34	在母校哥倫比亞大學商學院擔任推廣教育班講師，開始講授投資學
1929	35	華爾街股市崩盤，因融資投資而瀕臨破產
1934	40	與學生陶德合著《證券分析》，揭櫫投資與投機的差異；同時，他的百老匯劇本《小龐帕多》演出一週即下檔
1937	43	出版《葛拉漢談財務報表》，建議投資人嚴格篩選財務報表，以找出健康的企業；同年也出版《儲備與穩定》（*Storage and Stability*），建議設立以國際商品為貨幣儲備的機制，可惜未受重視
1949	55	出版《智慧型股票投資人》，確立價值型投資法則
1954	60	巴菲特進入葛拉漢・紐曼基金公司服務
1956	62	葛拉漢宣布退休，搬至加州，並任教於UCLA
1960	66	因找不到合適接班團隊，葛拉漢解散經營超過20年的葛拉漢・紐曼公司
1972	78	葛拉漢新編《智慧型股票投資人》面世，為今日市面所見之版本
1973	79	葛拉漢親手潤修的《證券分析》第五版面世
1976	82	逝世於9月21日，並留下超過300萬美元的遺產

因操作績效佳，被拔擢為合夥人

學了一次乖後，葛拉漢從此嚴謹地依循財報原則，發掘公司價值被市場低估的股票。後來他撰寫一篇密蘇里太平洋鐵路公司（Missouri Pacific Railroad）的投資報告，因而大獲賞識，還幫公司賺了不少錢。他也從債券業務員升任證券分析師，開始受到重用。之後，他更憑實力被紐伯格公司拔擢為合夥人，從事資產管理工作。

葛拉漢的操作績效非常好。舉例來說，他當時曾發現古根漢探勘公司（Guggenheim Exploration）手中握有其他四家礦業相關公司的持股，以合併報表計算，古根漢探勘的每股價值應有七十六・二三美元。但當時的交易價格卻只有六十八・八八美元，於是葛拉漢放空其他四家價格被高估的礦業公司股票，同時買入古根漢探勘股票，進行無風險套利，穩穩賺取這七・三五美元的價差。

只要發現公司的市場價格遠低於內在價值，葛拉漢就會積極進行套利。這時，葛拉漢雖未完整建立「價值投資法」，但已經具備雛形概念。

股災險破產，更淬鍊出投資哲學

一九二三年，隨著美股多頭再起，葛拉漢自立門戶，創立第一個私人基金——葛蘭赫公司（Graham）。雖然初試啼聲，但操作績效非常優異。可惜，一九二五年因與合夥人意見不合而清算解散。

一九二六年，他和大學同學傑羅姆・紐曼（Jerome Newman）合夥，共同成立葛拉漢・紐曼基金（Graham Newman）。他們以二十五萬美元起家，至一九二九年初的基金規模已成長至二百五十萬美元。一夕之間，葛拉漢成為華爾街寵兒，多家上市公司老闆都希望葛拉漢為他們操盤合夥基金；但葛拉漢認為當時美股股價已過高，均予以婉拒。

在華爾街打滾了十多年後，葛拉漢回到母校執教鞭，擔任哥倫比亞大學商學院推廣教育班講師。一九二八年，葛拉漢開了一堂有關證券分析與財務學的課程，第一次上課便吸引了一百五十名學生慕名而來。

一九二九年十月二十九日，美股發生「黑色星期二」股災，葛拉漢・紐曼基金也因過度融資而嚴重受創，資產縮水四分之三。葛拉漢苦撐三年才解決財務危機；直到一九三七年後才恢復以前的資產水準。從此之後，葛拉漢再也不曾在股市跌倒過。

這一段全球股災與美國經濟大蕭條的經歷，雖然讓葛拉漢瀕臨破產危機，卻也淬鍊出他完整的投資哲學。

一九三四年，四十歲的葛拉漢透過學生暨助理教授大衛・陶德（David Dodd）的協助，將課堂教學內容整理成一本日後轟動股市、影響全球投資觀點的經典名著《證券分析》（*Security Analysis*）。在這本書中，葛拉漢清楚點出：「投資行為必須經過透徹的分析，確保本金的安全與適當的報酬。不符合上述條件的行為，即是投機。」

這本巨著被喻為「投資聖經」，前瞻性的提出「安全邊際」投資法則，並積極導入科學實證精神。這在證券市場宛如橫空出世的神諭，是世界上第一次有人將證券投資視野，從追求變化莫測的股價，導向分析真實可靠之企業內在價值的完整論述。葛拉漢「價值投資法之父」的稱號，因此奠基。

當時，華爾街投資人仍驚魂未定，對於滿地的低價股連碰都不想碰。為了讓更多投資人更能理解何種公司具有投資價值，葛拉漢緊接著在一九三七年又出版《葛拉漢談財務報表》（*The Interpretation of Financial Statements*），教投資人看懂乾淨、健康且未被灌水的企業財報，並勇敢買入被低估的股票。

一九四九年，葛拉漢將長期管理有價證券的經驗，整理成另一本更具傳世價值的名著《智慧型股票投資人》（*The Intelligent Investor*）。這本書將投資焦點從選股技術，轉移到證券管理、投資策略、分散風險與安全保障，可說是葛拉漢畢生投資的心血結晶。

為了將科學研究精神導入證券市場，葛拉漢也積極奔走，爭取開設訓練、考試及資格審核，並將證券分析師提升為像律師、會計師一樣的專業工作者。他說：「對於證券分析師，我們若沒有一套評分方法，當然也就無法得知他們的平均打擊率。」

今天，成為證券分析師必須擁有專業執照，甚至頂著合格財務分析師證照者，還享有極高的市場聲譽，這都必須歸功於葛拉漢的努力爭取。今日的年輕分析師可能不會再去讀葛拉漢的經典名著，但若想通過證券分析師考試，所有的教科書卻幾乎都如同葛拉漢投資觀點的翻版。舉凡今日大眾所熟知的本益比、營業利益率、帳面價值、股東權益報酬率等分析觀點，以及基金投資人所必須明白的積極型、穩健型與防禦型投資策略與分散風險原則等，幾乎都可看到葛拉漢提倡的價值型投資法影子。

破例錄用巴菲特，造就一代股神

除此之外，葛拉漢對華爾街的另一巨大貢獻，就是作育英才，培養出眾多青出於藍且更勝於藍的投資大師。當代著名的基金經理人如股神巴菲特、約翰・聶夫（John Neff）與湯姆・芮普（Tom Knapp）等都是親炙葛拉漢的學生。其餘未上過課，卻標榜葛拉漢價值投資法的華爾街徒子徒孫更是不勝枚舉。

一九五一年，有個年輕人因上了葛拉漢的課，深深景仰其風範，懇求對方讓自己以無給職方式進入葛拉漢・紐曼基金公司服務，但葛拉漢卻以這位年輕人的「價值被高估」而婉拒，經過年輕人苦苦哀求，一九五四年葛拉漢才破例錄用。這個年輕人就是日後的股神巴菲特，兩人不僅是師生、事業夥伴，日後更成了莫逆之交。

葛拉漢的價值投資法，就是買入「價格」低於「價值」的東西，並買入價格越低越好。「價格」與「價值」的缺口，就代表投資的安全保障或邊際。巴菲特則精簡詮釋為：「以四十美分的價格買進一美元的紙鈔。」

在《證券分析》出版五十週年時，巴菲特特別撰文說，價值型投資法是一種「領悟」與

「頓悟」，它和智商或商學院的訓練無關，但這麼單純的概念，華爾街眾多人士就是無法領略，甚至對他們展示各種績效紀錄也無法讓對方接受。

一九五六年，葛拉漢帶著超過二十年長勝不虧的紀錄宣布退休。一九六〇年，葛拉漢・紐曼基金清算解散。自一九三三年起，此基金就沒有賠過錢，甚至從一九四八年起到葛拉漢退休為止，每年都有超過一一％的分紅，而基金清算後的投資報酬率更高達近七〇〇％。

投資不是一場遊戲一場夢

如果要用一句話來說明葛拉漢的投資哲學，最適當的描述莫過於：「投資不該是一場遊戲一場夢。」

投資不該是一場遊戲，指的是投資的態度應該理性且嚴謹；至於投資不該是買一個夢，則是指投資人應放棄追逐反映未來盈餘的「股價」，而該把焦點多放在公司當前實際營運所能創造的「價值」身上。

理性且安全計算一間公司的合理價值，然後尋找目前股價被低估甚多，即風險非常小、報酬率卻非常明確的標的物，即葛拉漢的投資基本哲學。而綜觀葛拉漢的所有投資書籍，可以歸納整理出下列十二條投資哲學。

投資哲學一：智慧型投資，避開投機

對葛拉漢來說，投資的定義是：「投資行為必須經過透徹的分析，確保本金的安全與適當的報酬。」接著他大筆一揮，把其他不符合這種態度的投資方法，統統稱為「投機」。

葛拉漢當然明白，專業的投機者也必須計算股價漲跌的風險和機率。但他稱這種人為「智慧型投機者」，知道該理性進行停利、停損。不過葛拉漢認為，最大的投機風險是獲利的基礎來自於預測未來的股價，然而「人們介入華爾街越深，將越懷疑行情預測或掌握時效的可信度」。因為葛拉漢認為，多數想透過研判最佳進出時點，好低進高出股票者，最終都將敗給高深莫測的市場價格。

由於市場價格充滿投資人的情緒，葛拉漢認為，聰明的投資人不應該將焦點放在波動的價格，只有根據邏輯推理與可靠的判斷準則，投資人才可能靠智慧享有堅如磐石般的獲利。相對於股價像虛無飄渺的空中樓閣，葛拉漢強調可被計算出來的投資價值。也因此，價值投資法也被稱為「磐石理論」。

投資哲學二：像男人買車一樣仔細檢查

有智慧的投資人應該像買汽車一樣，先踢踢車胎，再打開引擎蓋看一看。投資人必須先確認汽車內部運作沒有問題，才能思考價格是否物超所值。如果光看便宜就直接買了，一定

班傑明・葛拉漢的「磐石理論」

找出股票內在價值，低點買進、高點賣出

對葛拉漢來說，控制投資風險比追求報酬重要，所以要根據企業財報，淘汰掉財報造假的投機公司，並理性算出合理的帳面價值，再刪去股價高過價值的股票。

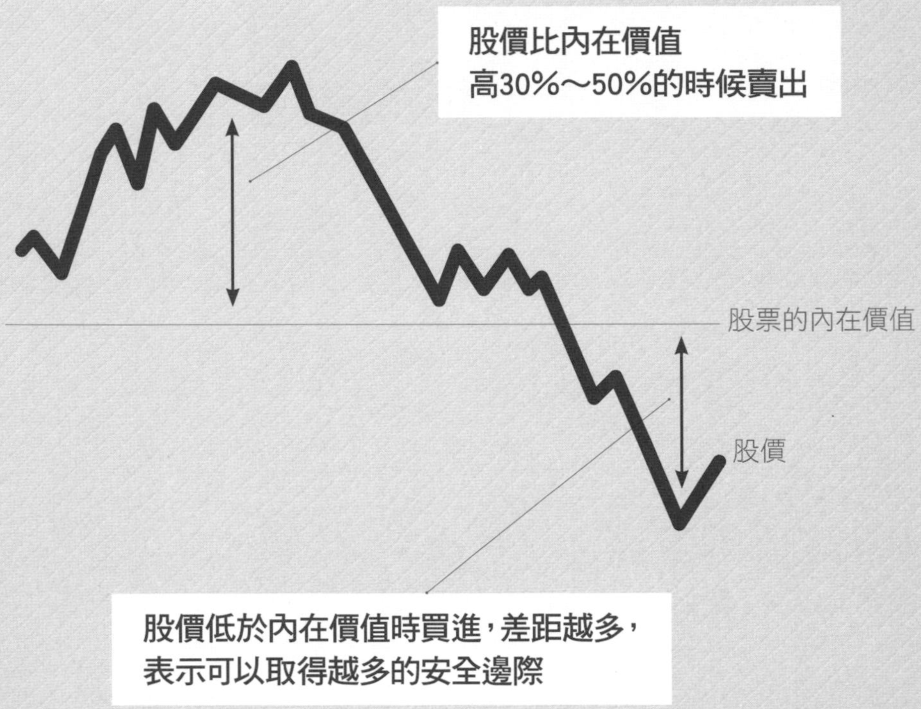
股價比內在價值
高30%～50%的時候賣出
股票的內在價值
股價
股價低於內在價值時買進，差距越多，
表示可以取得越多的安全邊際

容易吃大虧。

葛拉漢認為，投資人應該先知道一間公司的價值，才有辦法知道該支付多少價格，也才能獲得令人滿意的報酬。

至於如何檢驗一家公司的價值呢？仔細閱讀財務報表，可說是股東責無旁貸的責任。因此，葛拉漢還寫了《葛拉漢談財務報表》一書，目的是想要告訴投資人，投資即成為公司股東，而所有的財務報表都是為了告訴投資人，一間公司到底值多少錢、能賺多少錢。葛拉漢相信，企業財務報表能反映一間公司的內在營運狀況。當然前提是企業報表必須真實才行。

投資哲學三：像女人買雜貨般精打細算

很多人常以為價值型投資法就是長抱一檔股票，終生不賣出。事實上，這是巴菲特後期的價值投資法，不是葛拉漢的。

葛拉漢認為，買股票應該和女人上雜貨店購物一樣精打細算，這是指培養量化習慣，將每一檔股票都定出一個合理的價值，並在股價非常便宜時買進，變得太貴時賣出。

葛拉漢認為，股票不像香水，沒必要珍藏，也不需要用高價去購買最流行的香水品牌。對葛拉漢來說，在證券市場就像在雜貨店購物，投資人永遠要用撿便宜的心態去挖寶。

相對地，如果有人要高價收購好股票，投資人也要記得拿出來賣掉。

投資哲學四：投資像經商，別妄想超額利潤

對葛拉漢來說，投資就像在經商，必須以經營企業的態度來看待投資。在《智慧型股票投資人》的最後一章提到，證券投資的成功法則和經商必須依循的商業原則一模一樣，沒太多差異。

經商最重要的是要了解自己的生意，而且別妄想獲得超過正常利息與股息之外的超額報酬。其次是別仰賴其他人來經營你的事業，除非你能鉅細靡遺地監督公司績效，或者找到可信任的人。

第三是別貿然做生意。做生意一定要考量周詳，評估獲利機會，同時避免獲利有限而虧損甚大。

第四是有勇氣運用知識與經驗，並且依據事實做出判斷後，就果斷行動。投資人若沒有執行理性決策的勇氣，一切投資評估也是枉然。

投資哲學五：避開老闆會搞投機的公司

投資人在選擇股票時，絕對要先避開大股東或經營者本身就在搞投機的公司。葛拉漢很清楚，早年資訊不透明的時代，公司經營者如何與市場派上下其手，共同坑殺散戶。

或許母親的投機失敗也是葛拉漢避投機股唯恐不及的原因。在葛拉漢眼中，投機股共分兩種：一種是「內生型」，表示公司財報灌水、信用評價很差；另一種是「外部市場型」，是投資人共同看好公司的信用及盈餘成長潛力，使股價不斷哄抬，最終走向破滅。

對葛拉漢來說，嚴格避開公司誠信不佳與財報灌水、騙人的企業，是選股的第一要務。

投資哲學六：不要挑成長股，預測未來只會帶來過高風險

風險是葛拉漢腦袋裡的最大敵人，為了避開風險，葛拉漢認為「未來」並不明確，完全無法為報酬加分，反倒增加投資風險。

葛拉漢認為，要成功買對企業，一定要具有精確看準未來的能力。但話說回來，不管多麼謹慎，任何人都很難精確預測未來，而且「預測」所造成的傷害可能高於能創造的利益。

《葛拉漢談財務報表》特別強調，產業的展望、市場行情、通貨膨脹或經濟榮枯、人為的市場影響力與投資大眾的「口味」等因素，都會影響證券價值，但這些因素卻無法以精確的比率和邊際安全性來衡量。

既然評估未來充滿高度的不確定性與風險，葛拉漢認為，投資人何不理性的評估過去經營績效突出，且獲利模式長期穩定的公司呢？拿成長股與穩健績優股相比，葛拉漢認為，看得到的績效會比看不到的成長來得可靠！

投資哲學七：最安全的是過去已發生的績效

對葛拉漢來說，未來永遠是天邊遙不可及的一場夢。即使公司夢幻般的產品已近在眼前，葛拉漢也不會把無法量化評估的東西列為公司實際可鑑價的「價值」。這或許是受到第一任老闆的影響，他因此對於企業創新、品牌商譽等無形資產都各於給予過高評分。像一九二六年之後，CTR已改名為IBM，甚至掛牌上市後成為高成長股，葛拉漢也只是冷冷觀察，並未積極買入。

在葛拉漢眼中，最合乎邏輯的績效是過去已發生過的，而不是未來還沒到手的盈餘成長率；最合理的股價，應該是合理反映公司帳面價值的價格。他對於IBM的本益比，從一九三〇年代的七倍飆升至一九五七年的四十二倍，甚不認同。

葛拉漢的理由是，當IBM以七倍的帳面價值，而非七倍的本益比出售時，結果就等於IBM完全沒有帳面價值。這表示，假如IBM清算解散，每位原始股東能拿回每股十美元的價值，但市場投資人卻想要以高出七倍的行情，用七十美元價格去買只值十美元的東西，這豈非腦筋有問題？

他認為，導致華爾街經常願意用買七間公司的錢來買一間公司。葛拉漢抨擊，華爾街單純憑藉著對IBM未來獲利能力與前景的信心，而願意用買七間公司的錢來買一家，這種例子經常發生。但在葛拉漢眼中，未來卻不具牢靠的價值，因為股價過高，遲早會回到它的內在價值。

在葛拉漢眼中，一個過去營運績效良好，且實際有派發股息、股利給投資人的企業，在評估新年度與特定一段年度的績效才具有客觀、理性且明確的依據。

投資哲學八：找出企業的內在價值

企業的合理價值又是什麼？事實上這並沒有標準答案，端賴投資人識貨與鑑價的眼光。葛拉漢認為，只要檢視財務報表，投資人就能歸納出企業目前的情況與未來的潛力。

葛拉漢並非無視於公司的產業地位與獲利成長能力，但他非常強調要從目前財務報表上的數據來檢視未來獲利能力。他指出，企業的資產價值、盈餘的趨勢，以及經營階層因應瞬息萬變情勢的能力等，都應列入評估證券價值的因素。

公司有形的帳面價值很好計算，但未來性與無形資產很難估價。為了不高估「未來」，「普通股的售價應該大約是當期盈餘的特定比率」（合理本益比），就成為一種實用的評估邏輯與概念。

簡單來說，**一個是從財務報表估算出合理價值，另一個是從盈餘分配能力推算出合理股價，這兩者都是簡單計算公司價值的方法**。從財務報表推估合理價值，就是計算公司淨值，然後在合理股價淨值比的情況下，以接近一比一或更低於一的股價淨值比去投資一間公司的股票。

從盈餘分配能力推估合理股價，則是本益比。比如一間公司每年能配出一元股息，那麼十倍本益比就是以十元價格投資這間公司，並獲得每年一〇％投資報酬率。當投資人以十五元投資時，本益比將被提高至十五倍，投資報酬率也將降至六・六％。

投資哲學九：計算股價被低估的安全邊際

葛拉漢完全不關心「本夢比」，只專注「本益比」，而且是真實的「益」，與合理的「本」。他認為，以低於合理價值的水平買入股票，長期而言，就可以獲得傑出的報酬。

至於股價要多低才算便宜？這沒標準答案。但為了安全起見，投資人應在買入價格與合理價值間保留一個緩衝區間，而且越大越好。如此，即使股價出現大幅波動，投資人也有足夠的時間與空間反應，並適當處置。

這個股價與價值的安全區間，就是葛拉漢所說的「安全邊際」，也正是價值投資法的精髓所在。晚年的葛拉漢很想協助投資人把選股的流程簡單化，因此他簡單列舉挑選廉價股的兩個條件：

一、挑選本益比七倍以下的股票。
二、挑選公司財務狀況良好的股票（如企業資產應是負債的兩倍以上，股東權益應占公司總資產的五〇％以上）。

事實上，七倍本益比不是毫無根據，而是以債券殖利率兩倍的倒數所計算出來的。葛拉漢非常堅持，投資股票的風險高過債券，故股息殖利率若沒有債券的兩倍，投資人不應冒險投資。

在葛拉漢活著的年代，美國債券殖利率約為七％，七乘以二得到十四，一百除十四等於七倍本益比。假設美債殖利率為三％，三乘以二得到六，一百除六，當前可挑的廉價股的合理本益比應可為十六％。

投資哲學十：以理性選股，別害怕「市場先生」

葛拉漢主張，投資人只要理性選股，且大膽進場後，就不必在意股價波動。基本上，股價波動對真正的投資人只有一個重要意義，亦即讓他聰明地在股價下跌時買進，大幅上揚時賣出。至於其他時間，最好忘了股市的存在，而把注意力集中在股息多寡與公司的營運狀況。

在《智慧型股票投資人》第八章中提到，投資人進入股市時，應該想像自己在和市場先生做生意，你必須小心謹慎，因為市場先生會放任一時的狂熱或恐懼情緒任意發洩。

書中說到，假設你和市場先生是企業上的合作夥伴。每天，市場先生都要毫無例外地向你報價。有時，市場先生情緒高昂，眼前一片光明，此時他會報出很高的價格。有時，市場先生受到打擊，目下一片漆黑，困難重重，這時他的報價會變得極低。

葛拉漢說：「市場先生還有一個惹人憐愛的特點：他不介意遭受冷落。」如果市場先生的報價無人理睬，他明天又會回來重新報價。市場先生的情緒化反應並無用處，但他每天的報價單卻讓人受益無窮。如果市場先生表現愚蠢，你完全有權忽略他或利用他，但切記不可被他牽著鼻子走。

葛拉漢的結論是：「如果投資人面對毫無理由的市場下挫、股價下跌，總是驚慌失措，棄股而逃，或者總是無端擔心，那就是沒道理的將自己的優勢轉為劣勢。」

投資哲學十一：安全套利，只要獲利五〇%就出場

買了股票以後，並非就不賣出。葛拉漢通常會設定股價上漲超過合理價值太多時，就要賣出。而他設定的目標是五〇%，但這並非絕對的標準，一般投資人也可以設定獲利三〇%就出場。

第二個出場法則是持股不要超過二到三年。葛拉漢認為，當我們買入一檔廉價股後，應設定好出場的獲利目標，同時設定持股期限。如果在期限內沒有達到五〇%的獲利目標，投資人就該果斷賣出。

換句話說，**葛拉漢屬於目前所謂「波段操作型」投資人，而非長期持股型投資者**。對葛拉漢來說，波段操作屬於投資的一環，因為重點是，投資人是「透過透徹的分析，確保本金的安全與適當的報酬」。

投資哲學十二：透過大數法則、投資組合來分散風險

投資人理性選股，且在低於價值的價格進場後，並不代表絕無投資風險，諸如公司破產、倒閉或產業意外消息，都可能讓投資人蒙受損失。為了確保安全，像保險公司一樣採用大數法則就能有效控制風險。

一檔價值型股票或許還會被市場不確定因素重創股價或配息，但三十檔、五十檔或一百檔價值型股票加起來，就能在一段時間中創造出永遠正報酬的獲利績效。

原因是：**投資組合的加總結果一定會忠實反映出理性精算出來的風險與報酬關係**。因此，葛拉漢非常強調投資組合。他認為，投資人不應重押在一、兩檔廉價股上，而應該分散持有二十、三十檔以上的低價績優股，如此才能確保市場價格不論如何波動，總和的風險溢酬表現都不會太差。

葛拉漢認為，在股市中永遠存在風險，沒有風險就沒有股市；任何一個投資者想成功，都需要依靠行之有效的技巧來規避風險並進而獲利。喜好文學的葛拉漢巧妙地以希臘神話的太陽神阿波羅載太陽的四輪馬車為比喻，警告投資人如何不被股市風險給烤焦，那就是：in medio tutissimus ibis（待在中間地帶是最安全的）。

葛拉漢是出身英國倫敦的猶太人，身上揉合著猶太人對金錢計算的精明，以及英國人多

疑、理性與世故的盤算。另一方面，葛拉漢又像多數懷抱淘金夢而到美國闖天下的移民後代一樣，有著開朗、樂於分享與積極開創未來的勇氣。葛拉漢的投資哲學是從正確的投資態度開始，而上述的十二條投資哲學，則是留給華爾街分析師與廣大投資人的寶貴資產。

班傑明・葛拉漢的投資心法

- 在華爾街成功要有兩條件：一、你必須正確思考；二、你必須獨立思考。
- 不可在同一個帳戶進行投資與投機買賣，你的思考也不可混淆於兩者之間。
- 必須明智地在過去的事實，與未來的可能性之間取得平衡。
- 證券市場不會永遠偏離既定的軌道，而是維持在一個連續性軌道上。
- 市場報價只是為了方便，投資者可以利用它，也可以忽略它。
- 投資人以合理的價格買進績優股是不會犯錯或犯下大錯的。
- 任何一檔股票從買進到第二年結束以前，若未達到預定目標，不管成本多少都該脫手。
- 如果普通股是好的投資標的，那麼它也是好的投機標的。

Chapter 3

查理・蒙格

股神六十年的智慧合夥人，
主張追求價值而非價格

Charlie Munger

如何把一間破敗紡織廠，打造成資產十二兆台幣的企業帝國？巴菲特主持的波克夏，用將近六十年的時間告訴世人答案：一條電話線。

沒錯，這條電話線的一端，是在美國中西部小城奧馬哈掌舵的巴菲特，另一端是長住在洛杉磯的二當家蒙格。

巴菲特與蒙格兩人相距兩千五百公里，不常見面、興趣相異，不靠祖蔭，也沒有歃血為盟的換帖拜把儀式，憑著一身本事及獨到眼光，靠著電話溝通，讓五十八年前破敗的波克夏紡織廠脫胎換骨，成為資產價值近十兆元的企業帝國、平均每年為股東創造二〇%以上價值成長、史上效率最高的賺錢機器。

因此，如果奧馬哈是波克夏真正的總部，那麼在洛杉磯市中心的蒙格辦公室，就是另一個隱形的總部、腦力及智慧的中心。每當巴菲特碰到難題：「幫我接查理！」電話通常就會撥向洛杉磯這頭。巴菲特說，因為蒙格：「讓我從猩猩到人類……如果我不認識他，我會比現在窮得多！」

今年九十九歲的蒙格比巴菲特大七歲，同樣出身奧馬哈，兩家人住得很近，卻彼此不認識；也許是天意安排，他們竟曾前後在巴菲特爺爺開的雜貨鋪裡當過小學徒，同樣受過巴菲特爺爺「斯巴達」式的管理教育，蒙格回憶：「這份工作要求勤奮、精確、長工時……讓我及巴菲特，在日後遇上不順心，都能從容應對！」

出身法律世家，第二次世界大戰退伍後，蒙格便進入哈佛法學院，畢業後隨即在洛杉磯

查理・蒙格大事紀

年分	歲	事件
1924	0	出生美國於內布拉斯的奧馬哈市
1933	9	在巴菲特爺爺的雜貨店工作
1948	24	以優秀畢業生身分從哈佛法學院畢業。開始在洛杉磯的Wright & Garrett律師事務所工作
1959	35	在朋友戴維斯醫師介紹下，與巴菲特結識
1965	41	結束律師工作；巴菲特取得紡織廠波克夏控股權，兩人開始合作生涯
1968	44	與巴菲特友人到加州拜會葛拉漢。巴菲特開始清算波克夏紡織廠資產，將其轉型為控股公司
1974	50	與巴菲特收購威斯科金融公司
1977	53	擔任美國法律報業集團每日新聞集團（Daily Journal Corporation）董事長
1978	54	任波克夏副董事長；視力開始出現問題
1980	56	白內障手術失敗，導致左眼失明
1985	61	成為威斯科金融公司董事長暨總裁
1987	62	波克夏投資7億美元買進所羅門兄弟證券12%股份，與巴菲特出任該公司董事
1989	65	波克夏以13億美元投資吉列、美國航空（American Airlines）和冠軍國際（Champion International）
1991	67	所羅門爆發弊案，巴菲特接管所羅門9個月
1993	69	首度登上《富比世》雜誌「美國400富豪榜」
1994	70	波克夏將大都會／美國廣播公司（Capital Cities /ABC）賣給華德・迪士尼公司，獲利20億美元

年分	歲	事件
1995	71	波克夏以23億美元收購蓋可（GEICO）49%股權
1997	73	波克夏以90億美元將所羅門賣給旅行者集團（The Travel Companies），獲利17億美元
1998	74	波克夏以220億美元收購通用再保險公司（GenRe）
2004	80	微軟執行長蓋茲加入波克夏董事會
2005	81	波克夏以約10%吉列股份交換寶僑股權
2006	82	波克夏投資南韓浦項鋼鐵
2008	84	波克夏開設新的市政債券保險公司，首度買進2億美元比亞迪10%股權
2009	85	波克夏斥資260億美元收購柏林頓鐵路運輸公司
2011	87	威斯科金融公司宣布併入波克夏旗下
2013	89	捐助密西根大學1100萬元，是密西根大學收到最大筆的捐款
2014	90	捐助加州大學凱維里理論物理研究所650萬美元
2015	91	與巴西頂級私募股權基金3G共同投資卡夫・亨氏食品；波克夏以372億美元收購飛機零件及能源生產設備製造商精密鑄件公司（Precision Castparts Corp.），為2016年底為止最大的收購案
2016	92	波克夏從第一季開始購買蘋果股票，到年底持有5740萬股，成為蘋果前十大股東。
2017	93	波克夏自美國總統川普上任後股價屢創新高，市值突破7000億美元
2022	98	辭去出版商兼法律軟體提供商每日新聞集團董事長一職，但依然擁有董事身分，也仍是波克夏副董事長

展開律師生涯，到了三十五歲那年，蒙格面臨人生最大的轉折，在一個故鄉士紳艾德・戴維斯（Ed Davis）的安排下，他認識了巴菲特，兩人一見如故，也成為逾半世紀的合作夥伴。

給股神巴菲特的禮物

如果夥伴關係，是由一連串的「給」與「受」組成，那麼，在巴菲特從「猩猩」到「股神」的進化過程中，蒙格這個亦師亦友的夥伴，給了他三個最重要人生禮物：戒貪、勇氣及遠見。協助巴菲特克服了所有投資人可能都會犯的貪婪、恐懼及短視的壞毛病，逐漸邁向不凡，讓巴菲特說出：「我對查理的感激，無以言表！」的肺腑之言。

第一樣禮物：戒貪

雖然惺惺相惜，但一開始，蒙格的投資思維卻帶給巴菲特相當大的衝擊，因為「蒙格主義」衝撞的是他最尊敬的恩師葛拉漢。身為首席高徒，巴菲特一直謹守葛拉漢學派崇尚的「菸屁股哲學」：再好的標的，一定要等價錢低到不能再低的程度才能買進，出脫時才能大撈一票。「菸屁股哲學」的背後其實是貪念作祟，但蒙格始終反對這種「撿便宜貨」哲學，他認為，只要謹守「安全邊際」原則，平價的好貨，比便宜的爛貨，更值得投資！要擴張，就必須找到價格合適的「偉大企業」。

一邊是恩師，一邊是一見如故的夥伴。巴菲特承認，自己確實相當掙扎，他把這段自我「進化」的過程與影響西方文明的「新教徒革命」相提並論。他說，一天得聽蒙格這個馬丁路德的「新教」言論；一天又得聽葛拉漢這個「教宗」的正統思想。不過最後是「現實」讓巴菲特站到蒙格這邊。一九七〇年代，巴菲特當初低價買進的「菸屁股」公司波克夏紡織廠，在國外廉價紡織品的競爭下，面臨關廠、裁員風暴，在求售無門的狀況下，最後只得結束虧損多年的紡織製造。

在一九七〇年代初期，美國的中產階級崛起，股市欣欣向榮，連家庭主婦上美容院也是滿口股票經，一點也看不出「危機重重」，但巴菲特不得不承認，「蒙格把我從葛拉漢的局限理論中拉了出來，這是股強大的力量……他擴大了我的視野」。巴菲特從此彷彿打通「投資」的任督二脈般，戒掉了撿「菸屁股」的習慣後，波克夏規模開始快速成長。五十年來，巴菲特口中會下金蛋的金雞，包括：時思糖果（See's Candy）、可口可樂、箭牌口香糖（Wrigley）及至柏林頓鐵路運輸公司（BNSF Railway）都不是菸屁股股票。「追求價值而非價格」這個概念，成為波克夏文化的基石。

第二樣禮物：勇氣

巴菲特自傳《雪球》（*The Snowball*）的作者艾莉絲・施洛德（Alice Schroeder）認為，外表樂觀的巴菲特其實害怕衝突，「閃躲是他的本能，如果有人像母親那樣對他發作，他會像貓一樣溜走」。反觀蒙格有博學及法律世家的背景，「凡事一定要反過來想！反過來想！」這句話更時時掛在嘴上，練就一身反骨及對權威說「NO」的勇氣及能力，在處理經營紛爭時，適時補足巴菲特的缺點。最經典的戰役就是一九九一年的「所羅門醜聞」事件，波克夏靠著蒙格度過公司成立以來的最大危機。

時間回到一九八七年，因友人請託，波克夏以七億美元取得所羅門兄弟公司（Salomon Brothers）一二%股份。當時的所羅門是華爾街資產第二大的金融機構，資產規模僅次於花旗銀行，在債券利差市場呼風喚雨，不僅擁有私人飛機、隨傳隨到的五星級主廚，還指派：「只要員工想吃什麼，立刻送到！」在這些人士眼中，巴菲特及蒙格雖然坐進富麗堂皇的董事會，但充其量只是一對喜歡啃漢堡的中西部鄉巴佬。原本巴菲特的規畫是，買進所羅門後，希望蒙格分身去管其他公司，但蒙格似乎聞到臭錢即將發酵爆發的味道，請纓留任，表示：「所羅門可能會惹上大麻煩，會大到同時需要我們兩人！」果然，一語成讖。

一九九一年夏天，所羅門引爆了一連串的醜聞，先是債券交易員盜用客戶帳戶競標國債，接著又發生包庇事件，蒙格與巴菲特早就在董事會要求據實以告，卻一再被忽略。直到當年八月，美國政府勒令歇業，所羅門資產一度以每日十億美元的速度萎縮。八月中的一場會議上，忍耐到了極限的蒙格勃然大怒，要求經營階層一五一十交代所有內情。這一怒，成為化危機為轉機的關鍵，在蒙格的強勢主導下，所有的藏汙納垢被迫攤在陽光下。九月四日，巴菲特站上國會作證，原本預期會被嚴厲拷問，在開誠布公表現下，竟成為企業道德的典範。也因此每年波克夏股東年會，幾乎都會播放這段作證的片段影片，提醒大家堅持「不能讓公司賠上一點點聲譽」。

第三樣禮物：遠見

在蒙格與巴菲特合作後期，東方勢力開始在全球投資市場快速崛起，但一九九〇年代波克夏在亞洲投資市場卻交了好幾年白卷。及至二十一世紀，大中華經濟崛起，醉心中華文化及儒家思想的蒙格成為波克夏東擴的引路人。巴菲特不只一次調侃自己，太晚認識日本而錯失投資時機。不過，二〇二〇年八月，波克夏收購伊藤忠、丸紅、三菱、三井物產和住友商事五大日本商社各超過五％的股份；二〇二三年第二次訪日時，表示將持續加碼此五大商社持股比例到七・四％，是美國以外地區的最大投資、且未來將會長期持有，甚至可能拉高至九・九％。

蒙格在專訪中表示，他住在加州，看到太多傑出的東方人在美國出人頭地，可見「只要制度對，勤奮的亞洲人一定能在經濟上有傑出的表現」。因為蒙格的亞洲人脈及了解亞洲，讓深居美國中部的巴菲特也開始探索亞洲的投資機會，特別是中國及南韓地區。二〇〇三年，波克夏在SARS（嚴重急性呼吸道症候群）恐慌達最高點時，大量買進中國石油，四年後全數出脫，大賺三十五億美元；在原物料狂潮前，波克夏就買進南韓浦項鋼鐵公司（POSCO），成為持股近五％的大股東，到二〇一〇年底的潛在獲利高達近新台幣三百億元。

在蒙格主導下，最轟動的一役就是二〇〇八年波克夏買進中國電動車先驅比亞迪近一〇%的股份，在股神加持下，比亞迪股價一度衝高至港幣八十四元，雖然二〇一一年初已從高點回跌到二十八元左右，但波克夏這筆投資帳上獲利仍有四倍。蒙格便曾在專訪中認為「中國走對了路」，爆發力就像黃金年代的美國。然而，從港交所官網公布的數據顯示，自從二〇二二年八月二十四日首次減持以來，短短八個月多時間，波克夏已經連續十一次賣股，持股比重自一九・九二%降到九・八七%。截至二〇二三年五月九日為止，巴菲特已是第十一次砍比亞迪股票（H股），持股比重降至一〇%以下，套現四・六億港幣（約新台幣十八億元）。媒體懷疑此投資決策的主因一是大陸電動車陷入價格戰，獲利難再提升；二是比亞迪業績是否持續成長，令外界質疑。而在二〇二三年波克夏股東會上的一席話「我們不想在很多事情上與馬斯克競爭」，也讓大家猜想是否為減持比亞迪的理由。

就算把巴菲特或波克夏從蒙格人生中拿走，他也會是傑出的投資家。在擔任波克夏副董事長之前，蒙格曾自己創立投資公司，經營十四年下來，年化報酬率高達二四%，與波克夏相比毫不遜色，所以就算蒙格獨立創業，也足以讓他成為獨霸一方的投資大師。

這樣的績效，在他一九八五年擔任威斯科金融公司（Wesco Financial Corporation）董事長時，再次得到印證。拜股本小之賜，蒙格擔任董事長的威斯科股價及績效表現，比之波克夏一點也不遑多讓，特別是股價，因為威斯科定時配股息，從一九九〇年上市後二十年，股價就已整整成長逾五倍。

蒙格的投資哲學與巴菲特雖然同氣連枝，但其實各有巧妙不同，特別有一種「無招勝有招」的自信。他認為投資成功的關鍵「不在多，在於精」，不論是選股或下注買股，都是貫穿此一邏輯。在此邏輯下，發展出五個重要的投資哲學。

投資哲學一：不揮壞球，只打甜心球

蒙格這一生都在尋找最好打的「甜心球」（fat pitch），如果碰不到這樣的好球，就千萬別揮棒。這是蒙格從棒球中得到的靈感，他推崇美國職棒選手泰德・威廉斯（Ted Williams），因為威廉斯是七十多年來，唯一在一賽季就打出打擊率四成的打者。

蒙格說，威廉斯的選球技巧很簡單，就是把打擊區劃分為七十七個像棒球那麼大的格子。只有當球落在「最佳」格子時才會揮棒，因為揮棒去打那些「最差」格子的球，只會大大降低打擊率。因此他認為股票投資人可以持續觀察各公司的股價，把它們當成一個個格子。大多數時候，什麼也不用做，只要看著就好了。如果出現一個速度很慢、路線又直，而且正好落在你最愛格子中間的「好球」時，那麼就全力出擊。這樣一來，不管天分如何都能大大提高安打率。在合適的機會來臨時，就採取果斷行動，投資成效就不會太差。

事實上，蒙格認為這樣好的機會一生沒有幾次，但次數也不需要很多，「在漫長的人生中，你只要培養自己的智慧，抓住一、兩次這樣的好機會，就能夠賺許許多多的錢」。他以波克夏為例指出，波克夏的數千億美元資產，「大部分的錢是從十個機會上賺來的」。

當巴菲特滿懷期待地和蒙格討論新投資案時，蒙格的回答十之八九都是「不」，這讓巴菲特曾因此稱蒙格為「可惡的說不大師」。但蒙格的老友查爾斯・瑞克豪瑟（Charles Rickershauser）這樣評論蒙格的機會辨識能力：「人們通常認為蒙格的價值在於辨識風險和說『不』，但其實蒙格最有價值的地方是能夠辨識那些可以參股的時機。」另一位於二〇〇八年過世的老友小富蘭克林・奧蒂斯・布斯（Franklin Otis Booth）也曾說：「蒙格明白，要找到真正好的標的很難。所以，就算九〇％的時間都在說『不』，也不會錯過太多。」

當遇到少有的黃金機會時，如果所有條件都具備了，蒙格決定要投資，那麼他很可能會下很大的賭注，絕不會小打小鬧，或者進行小額、投機性投資。蒙格說，巴菲特和他「碰到好機會就下重注，其他時間則按兵不動。就是這麼簡單」。這樣的機會包括一些物超所值的投資良機，蒙格坦言，股市就像一場充滿胡說八道和瘋狂的賭博，偶爾會有訂錯價格的良機。你一輩子可能沒辦法找出一千次好的投資機會，所以一旦遇到好機會，就要全力出擊。

投資哲學二：定能力圈，不碰陌生股

但怎麼判斷好球還是壞球？喜歡儒家學說的蒙格，倒是應用了「知之為知之，不知為不知，是知也」這套老祖宗思維。

蒙格會小心翼翼地畫出自己的「能力圈」（circles of competence），他認為投資標的可分為三種：「可投資的」、「不能投資的」，另一種就是「太難理解的」。而每個人的能力圈並不相同，因此必須將投資放在自己能夠了解的領域，千萬不能以為自己是無所不能、無所不通。所謂「可投資的」標的，就是自己可簡單理解的項目，不需要高深的專業，用普通常識就能判斷好壞。如果被歸類成「太難理解的」，就算再多吹捧，一般投資人也應該迴避，許多投資人偏愛的製藥業和高科技業，就被他直接歸為「太難理解」這一項。

唯有把自己的能力圈畫出來，才能判斷什麼是好球、什麼又是壞球，「你必須弄清楚自己有什麼本領。如果要玩那些別人玩得很好、自己卻一竅不通的遊戲，那麼注定會一敗塗地。要認清自己的優勢，只在能力圈裡競爭」。蒙格與巴菲特這一對拍檔，就是了解自己的專長及不足，所以早期幾乎完全不碰科技股。雖然在二〇〇〇年代科技泡沫盛行時錯過一些機會，也受到當時業界人士的質疑，但也因此才能避免犯下致命的錯誤，在股災中損失慘重。

正如巴菲特所說：「如果說我們有什麼本事的話，那就是我們很清楚自己什麼時候在能力圈的中心運作，何時正向邊緣移動。」在蒙格心中，一個容易有發展空間、能在任何市場環境下生存的主流行業就是好的標的，例如可口可樂、箭牌口香糖、吉列刮鬍刀。

如何弄清楚自己的能力圈？蒙格鼓勵大家博覽群書、獨立思考，「弄清楚幾個簡單概念」，因為「依賴他人的想法，或是透過金錢取得的建議，只要稍微超過自己的領域，就會遭逢大災難」。

投資哲學三：選股，先挑護城河寬的

摸清楚自己的能力圈之後，就必須在裡面尋找「有最寬護城河的偉大企業」。所謂「護城河」，在蒙格的心中，就是保護企業免遭敵人入侵的無形溝壕。

優秀公司擁有很深的護城河，並不斷加寬，為公司帶來「可長可久的競爭優勢」（durable competitiveness advantage）。通常企業會用「技術」區隔自己與對手，投資人也傾向投資「技術最強」的公司，但蒙格卻認為，擁有新技術不等於就是壯大護城河。他從個體經濟學中得到一個重大啟示：認清「技術」什麼時候能幫助你，什麼時候又會摧毀你。

蒙格回想當初經營波克夏紡織廠時，有一個賣先進機器設備的業務找了上來、對巴菲特說：「有一種新的紡織機，效率是舊紡織機的兩倍。」巴菲特卻回說：「天啊，我希望這種新機器沒這麼厲害，因為如果真這麼厲害，我就要把工廠關掉了。」蒙格分析，推銷機器的業務，或者公司裡催促你採購新設備的同事都會說：使用新技術會節省多少成本。然而，他們並沒有進行第二步分析，也就是弄清楚多少錢會落在公司或股東手裡，多少錢會流向消費者。

投資人心中永遠必須記得：**真正有寬廣護城河的企業是具有高訂價能力的公司**，蒙格認為迪士尼樂園（Disneyland）就符合這條件。他說，去迪士尼樂園玩不僅小孩子開心，對整個家庭都是獨特的經驗，幾乎沒有其他樂園能取代迪士尼，滿足這樣的需求。因此，就算迪士尼把門票價格提高很多，遊客人數依然穩定成長，這就是定價能力；即使提高產品售價，市占率也不會縮減，這才是真正的護城河。

符合這樣邏輯的還有波克夏高持股的時思糖果、可口可樂、吉列（Gillette）刮鬍刀等，雖然它們都是價格低廉的產品，但競爭對手卻很難做到這點，護城河就會越來越寬。

投資哲學四：找複利機器，長抱好股

選好股票後，蒙格最喜歡的投資方式是「大量且長期持有」，他稱為「坐等投資法」（sit on your ass investing），並指出這種方法的好處不少，交易成本低了，「聽到的廢話也更少」。但當股價走高後，是否獲利了結？這是許多散戶不斷尋求「補漲股」的最大理由。巴菲特認識蒙格以前，都是按照恩師葛拉漢教導「菸屁股」投資哲學，以低價買進某個公司的股票，等到公司有轉機後再高價賣出，但蒙格卻認為「股價合理的卓越企業，勝過股價便宜的平庸企業」，即便有些股票價格是其帳面價值的兩、三倍，但仍然非常便宜。

最顯著的例子是可口可樂。波克夏在一九八八年買進可口可樂，照傳統標準，這檔股票並不便宜。當時華爾街認為這檔股票很優秀，但是價格已經到頂了。自從一九八八年以來，可口可樂股價已漲六〇〇%、年化報酬率達二五%，但波克夏一股都沒拋售。這項投資哲學也讓波克夏從最早僅有兩、三億美元資產，演變成數千億美元。

二〇〇九年，波克夏花兩百六十億美元買進全美第二大鐵路公司柏林頓，溢價達三〇％，當時市場普遍認為買貴了，但二〇一一年巴菲特的股東信中，柏林頓卻被巴菲特稱讚為回報最佳的事業之一。因燃油價格急漲，鐵路與其競爭對手卡車相比，成本和環境方面都有極大優勢，柏林頓每一加侖柴油可以將一噸貨物移動五百英里，燃油效率比卡車要高出三倍以上，立刻成為波克夏旗下另一個「不便宜的好貨」。

巴菲特推崇蒙格時曾說：「這是查理對我真正的影響……讓我從葛拉漢的局限理論中走出來……查理的思想就是那股力量，他擴大了我的視野。」即使你當時花了很高的價錢去買，最終得到的回報也會非常可觀。所以，竅門就在於買進那些優質企業，因為這等於你買到了那家公司成長動能所帶來的規模優勢；這些股票不受通貨膨脹影響，能夠持續增長。總而言之，它們是複利機器。

「投資相當於賭馬！」蒙格說，理想標的是一匹獲勝機率高；但若標的成為賠率也高的馬，更重要的是，找到一個「標錯賠率」的賭局，這就是投資的本質。「但你必須擁有足夠的知識，才能知道賭局的賠率是不是標錯了。這就是價值投資」。

投資哲學五：學習多元思維模式

蒙格擅長獨立思考，他沒有上過一門經濟學或心理學的課，卻能在閱讀和經驗中累積許多實用的大智慧。他甚至發明了一些字彙，像「灰金」（febezzle，指金融界看似合法卻貪婪地謀取手續費），以及「魯拉帕路薩效應」（the Lollapalooza Effect，指各種因素間相互強化、並將彼此極大化的多因素組合效應。蒙格強調，世界是非常複雜的，當兩、三或四種力量共同作用於同一方向時，你得到的通常不僅僅是幾種力量的總和，而可能是足以引發核爆的力量。

因此，我們不可能只用一種專業就有辦法解決世上所有的問題，就像蒙格最喜歡引用的一句諺語所說：「在手裡拿著鐵鎚的人眼中，世界就像一根釘子。」只用一種知識工具試圖解決所有問題，一定行不通。投資也是一樣，**分析一個投資標的的成長潛力，不能只重視量化數字，而必須分析所有市場上的交互影響因素**。

基於此，蒙格進而主張應該學習「重要學科的重要理論」，他稱之為「多元思維模型」，也就是他所重視的「普世智慧」或「普通常識」。「你必須辨識出這些事情之間的關係，必須意識到生物學家朱利安・赫胥黎（Julian Huxley）提出的觀念：『生命無非就是一個接一個的關聯。』」所以你必須擁有各種模型，必須弄清楚各種相互關係，以及其間的效應。」這就是蒙格淬鍊投資智慧的祕密。

一路以來，面對詭譎多變的資本市場及人事浮沉，蒙格總是一貫用最基本、最老派的態度應對。《窮查理的普通常識》（*Poor Charlie's Almanack*）英文版的編者彼得・考夫曼（Peter Kaufman），用「老派的美國中西部價值觀」形容這樣的態度：他們活到老學到老、對知識有好奇心、遇事冷靜鎮定、言出必行、能從別人的錯誤中汲取教訓，更有現代人最缺乏的毅力及恆心。

查理・蒙格的「多元思維模型」

投資前你該懂的重要學科理論

投資，不能只重視量化數字，而必須分析市場上的交互影響因素。因此，必須學習「重要學科的重要理論」，才能辨識各種事件的相互關係，而當這些普世智慧作用在哪一方向時，就會產生足以引發核爆的力量，這種影響力稱為「普拉帕路薩效應」。

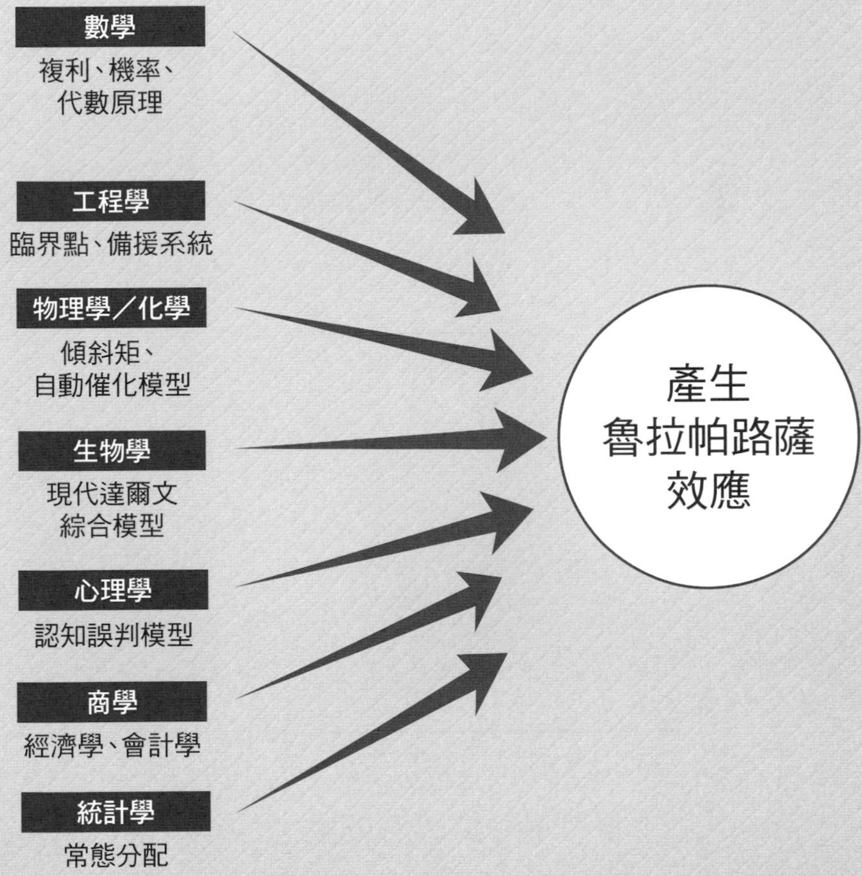

註：魯拉帕路薩效應是指當兩、三種力量作用於同一方向時，結果不僅是力量之總和，而是產生可能足以引發核爆的力量。

對生活、金錢展現自律

蒙格的忘年之交、華籍美商投資家李彔對這點印象最深刻。李彔永遠忘不了與蒙格吃早餐的情形。第一次，李彔依約七點半到餐廳，蒙格已看完報紙坐定等他；第二次約會，李彔特別提早十五分鐘到達，蒙格仍老僧入定般把頭埋在報紙裡；第三次，李彔又提前了半小時，蒙格還是像座雕像一樣，定在椅子上看報。第四次，李彔把心一橫，索性提早一個小時赴約，終於在六點四十五分，看到蒙格老先生悠悠地走了進來，「以後我倆再約，我都會提前到餐廳，也拿一份報紙，互不打擾，七點半後再一起吃早飯、聊天。」李彔說。

自律更表現在蒙格對金錢的態度上。身為美國開國元勳富蘭克林的信徒，蒙格堅信抱守大筆財富進棺材很可恥，賺來的錢必須回到原來的起點——社會大眾。雖然五十六歲時，蒙格因為一場失敗的白內障手術，喪失七成視力，但這一點也不影響他後來的成就。蒙格在接受《商業周刊》的專訪中表示，只要還有一口氣在，「就該投身工作，為他人做出貢獻」。

不像巴菲特高調地捐錢，蒙格默默地成立醫院、捐助大學，但要求捐款必須用在對的地方。當巴菲特已搭乘私人飛機往來世界時，已屆高齡、身價逾新台幣百億元的蒙格，有時仍情願搭商務客機，與一般民眾脫衣、卸裝，在層層的安檢隊伍中排隊。

界定自己的「能力圈」，一直是蒙格眼中投資成功的不二法則，他把這個概念，落實在與巴菲特的夥伴關係上。蒙格了解自己雖優秀，但巴菲特的生意頭腦及天分是他怎麼樣也學不來的，要讓波克夏卓越、偉大，就要跟這個渾身都是生意細胞的天才合作才行，施洛德就觀察指出，蒙格「視巴菲特為投資之王……像照顧花園般維護與巴菲特的關係」。

二〇一一年第二季，蒙格一手拉拔大的威斯科金融公司正式併入波克夏，蒙格也不再身兼董事長頭銜。

至於蒙格希望下一代人如何看自己呢？他不擔心自己，反而說：「我非常慶幸能當巴菲特的夥伴，他賺錢不是為了炫耀，只是靜靜地將波克夏經營成巨人……大家一定會記得，波克夏是用不一樣的方法經營企業，最後讓股東也享受非常好的報酬！」

蒙格一再提及自己對東方文化勤奮樸實的嚮往，更說他的基本理路，與孔子思想並無二致；殊不知，他跟巴菲特的夥伴關係，是在君臣父子五倫關係之外的新血統——近六十年的夥伴關係，用財富當舞台，在充滿不完美的資本主義世界中，具體實踐「友直、友諒、友多聞」此般大同世界的理想。

管理大師吉姆・柯林斯（Jim Collins）曾說，企業要從A（優秀）到A^+（卓越），必須有謙沖為懷的個性和在專業上堅持到底的意志力的第五級領導人；很幸運，波克夏有兩個。不僅創造了財富，更樹立了典範。

查理・蒙格的投資心法

- 在98%的時間裡，我們對股市的態度是：保持不可知。
- 股價合理的卓越企業，勝過股價便宜的平庸企業。
- 複利是世界第八大奇蹟，不到必要時候，別去打斷它。
- 你需要的是極大的耐心，而不是「過動症」。你必須堅持原則，等待機會，奮力出擊。
- 光有好機會不夠，這些機會必須出現在我們看得懂的領域。
- 投資應該越分散越好的觀念，簡直是瘋了。如果剔除掉我們15個最好的投資決策，我們的業績將會非常平庸。
- 一旦機會來臨，如果勝算很高，重重壓注下去就對了。
- 考慮總體的風險和效益，永遠關注第二層或更高層次的潛在影響。

Chapter 4

霍華・馬克斯

從投資備忘錄，
傳授價值投資的精準眼光

Howard Marks

誰寫的書讓巴菲特看了兩遍？誰的投資備忘錄又是華爾街每年必讀的文件，媲美巴菲特每年寫給波克夏股東的信？

那就是橡樹資本管理公司董事長暨共同創辦人、美國投資界新一代價值投資大師——馬克斯。每逢金融危機前夕，都可以看到他大聲疾呼投資人要小心。例如，他在二〇〇〇年精準預言，科技股的泡沫即將破滅，在金融海嘯前兩年就開始警醒投資人小心過熱行情。

雖然極為重視風險，但馬克斯最有名的投資成就卻來自投資冷門商品，不管是可轉換債券（可將債權轉換成股票的證券）還是垃圾債券（高收益債、非投資等級債券），他都能發掘其中被人忽視的價值，進而取得高額報酬。這也讓他迅速累積財富，二〇一六年，《富比世》估計他的身價有二十億美元，在全球富豪榜中排名一千零三十名。

馬克斯原是第一花旗銀行（First National Citibank，花旗銀行的前身）的資深副總裁，後來先後成立西部資產管理公司（TCW）與橡樹資本；他的創業，自然也是以發行主要投資垃圾債券的基金起家。他與市場同業走不同的路，表現也不同凡響。橡樹資本管理公司從一九九五年成立至二〇二二年二月為止，平均年化報酬率達到一八・八%，同時期代表美國股市的標準普爾五百指數績效只有一〇・四%。

如今橡樹資本已經是世界級的投資公司，底下有超過一千零五十位員工，二〇二三年三月底營運總資產規模已達一千六百四十億美元。而馬克斯也透過橡樹資本固定撰寫投資備忘錄給客戶，吸引包括巴菲特與華爾街的投資人注意，馬克斯更將投資理念寫成《投資最重要的事》（*The Most Important Thing*），二〇一一年一出版就迅速成為價值投資法的投資經典。

投資的本質就是無常

相較於許多投資大師從小就展現生意頭腦，思考如何賺錢，小時候的馬克斯顯得不那麼特別，就連大學畢業都還不確定自己是否真要往投資界發展。他一九四六年出生在紐約的中產階級家庭，屬於美國嬰兒潮世代最早期出生的人。父親是會計師，媽媽是猶太人，但從小並沒有猶太教的教養經驗，而是浸淫在基督教的科學教育長大。父母都是在美國生活的第一代人，也很鼓勵他多念書，他不但是家族裡第一個拿到大學文憑的人，而且還一直是個好學生，大學與研究所讀的都是名校，因此扎實吸收投資理論，形塑自己的投資哲學。

大學時他進入華頓商學院，學習基本的投資理論與基本面分析，這是馬克斯開始接觸投資世界的地方。他曾在二〇〇六年三月的投資備忘錄裡，提到當時在學校修習的日本研究課程，讓他了解了投資的本質，就是「無常」。他說：「早期日本文化有項珍視的價值是『無常』。對我來說，『無常』的典型定義是理解『法輪的轉動』，這暗示接受必然出現的起伏改變……換句話說，無常是指週期會起起伏伏，事情會來來去去，環境也會在不受我們控制下改變，因此我們必須理解、接受、配合，而且做出回應，這不就是投資的本質嗎？」

馬克斯大學畢業時越戰仍持續，他選擇繼續念研究所。如果說華頓商學院教的是投資的基本馬步，那芝加哥大學教的就是嶄新的投資技術。當時的芝加哥大學剛好位居新時代投資

霍華・馬克斯大事紀

年分	歲	事件
1946	0	在美國紐約出生，屬於最早的嬰兒潮時代
1967	21	在擅長財務金融的華頓商學院取得科學經濟學位
1969	23	取得芝加哥大學企管碩士，主修會計和行銷，並獲得學校頒發給優秀行銷領域學生的「George Hay Brown行銷獎」；進入第一花旗銀行，擔任股票分析師，開啟投資生涯
1978	32	在銀行支持下，發行冷門的可轉換債券與高收益債券基金，獲得優異的報酬
1985	39	參與創辦西部資產管理公司，開始撰寫投資備忘錄
1995	49	創立橡樹資本管理公司
2000	54	在1月的投資備忘錄中，預言科技股泡沫
2005	59	橡樹資本與紐約一家基金管理公司參與中國銀行的投資，投資金額7.5億美元，是在中國第一次為人所知的投資案例
2007	61	橡樹資本與復盛創辦人李後藤，以8.52億美元收購復盛100%股權下市，在當時是台灣少見私募股權基金併購上市公司的案例
2008	62	金融海嘯期間，橡樹資本募集109億美元的基金購買不良債務，趁機擴張
2011	65	出版《投資最重要的事》，迅速成為價值投資法的經典書籍
2012	66	橡樹資本在紐約證券交易所上市
2013	67	橡樹資本獲得上海市金融辦授予合格境內有限合夥人（QDLP），是獲得首批試點資格的六家全球投資管理人之一；而第一支QDLP基金在2015年成功募集10億人民幣
2015	69	參與中國第一起不良資產的收購，並在北京進行商業不動產投資
2016	70	《富比世》雜誌估計身價達20億美元，在全球富豪榜中排名1030名
2022	76	在《金融時報》撰文指出：第一波市場巨變發生在1970年代，高收益債因而誕生；第二波巨變是基於利率長期下滑，開啟了自1980年代展開、長達40年的股市輝煌時代，投資界已從2009-2021年的「低報酬」時期，轉向「充分報酬」（full return）；第三波巨變則是自去年展開，然而投資環境迥異於過去，因此建議大家調整投資策略

理論的研究重鎮，最有名的是財務經濟學家尤金・法馬（Eugene Fama）提出的效率市場假說（Efficient-market hypothesis），以及資本資產定價模型、隨機漫步理論等等，這些都是當代主流的投資理論。

雖然，馬克斯在多篇文章中並不完全同意效率市場假說的看法，但他在這裡接觸到與華頓商學院完全不同卻很重要的投資理念，在兩大主流投資理念融會貫通下，因此孕育出獨特的投資方法。

專注另類投資

畢業後，他進入第一花旗銀行擔任股票分析師，正式開始第一份投資業的工作，到了一九七四年成為股票分析團隊的主管。當時的股票市場深受國際政治與經濟危機衝擊，像是一九七〇年代的石油危機與經濟停滯、美國績優股漂亮五十（Nifty Fifty）股價崩盤等，就算是深具價值的績優股也都抵擋不了下跌趨勢。

一九七八年，馬克斯轉到基金管理部門，負責可轉換債券和高收益商品，這段時期的經驗對於他之後的投資策略影響重大。當時這兩種債券都是市場上的冷門商品，主流投資人都不會注意。可轉換債券是一個很小，而且被低估的市場，因為這種債券提供股票和債券的雙重好處，投資人在股價低時可以保留債券，賺取利息收益；若股價變高，則可以將債券轉換成股票，享受股價上漲的好處。因此，只有體質不佳的大集團、鐵路公司和航空公司在無法發行一般債券的時候，才會被迫發行可轉換債券吸引投資人，但是一般投資人並不認為這樣的防禦性商品值得投資。所以，一九八四年《美國商業周刊》（*BusinessWeek*，二〇〇九年彭博新聞社買下該雜誌，更名為《彭博商業周刊》〔*Bloomberg BusinessWeek*〕）有篇提到馬克斯的文章強調：「真正的男人不會買可轉換證券，只有像馬克斯這樣的膽小鬼才會便宜買進。」

至於高收益債券則有垃圾債券的稱號，因為這種債券不符合大多數投資機構必須投資在「投資級以上」或「評等A級以上」的最低投資要求。而且如果垃圾債券違約，基金管理人很難逃過尷尬和指責，畢竟他們事先知道此投資有高風險。

就在這個時候，馬克斯遇到當時的垃圾債券天王麥可・米爾肯（Michael Milken），讓他對垃圾債券改觀。他回憶米爾肯跟他說的話：「如果你買進AAA級債券，結果只有一種，就是只會下調，不可能變得更好。相反，如果買入B級債券而且最後沒有違約，可能會帶給你意想不到的高報酬。」

馬克斯在《投資最重要的事》書中提到，**重要的不是買什麼，而是花了多少錢買的。關鍵不是買到好東西，而是東西買得好**，所以投資人應該問的是：「怎麼有人會在沒有參考價格的情況下，就否定某一類已經發行的潛在投資商品呢？」

對馬克斯來說，如果有債券沒有任何人持有，那需求和價格就只會往上抬升，只要其他投資人決定從「完全不投資」改為「勉強持有」，那原本持有的債券就會得到極佳的績效。

在這樣的背景下，馬克斯獲得銀行的支持，在一九七八年籌資發行兩檔可轉換債券與高收益債券基金，不但獲得很高的收益，也奠定他的價值投資天王地位。

離開花旗集團後，他在一九八五成立西部資產管理公司，擔任投資長；到了一九九五年，與西部的四個同事出來創立橡樹資本，以另類資產為主要投資標的，包括：不良債權、高收益債、私募股權、槓桿借貸（leveraged loans）、夾層融資（mezzanine finance），也專注在房地產、新興市場、日本股票、基礎設施等專業化市場。

雖然相較於其他私募股權基金成立得晚，但是橡樹資本卻藉著二〇〇〇年美國科技股泡沫破滅與二〇〇八年全球金融危機快速崛起，可以想見金融危機造成申請破產與陷入困境的企業數量增加。二〇一二年四月，在紐約證券交易所公開上市。**從危機中尋找具有價值的投資機會正是橡樹資本的專長**，這也呈現在其投資表現上，不但投資報酬率平均每年將近二〇%，二〇二三年五月管理的資產規模已達一千七百二十億美元，躋身全球最大的不良證券投資者，也是全球最大的信貸投資者之一。

在西部資產管理公司時期，馬克斯開始偶爾撰寫備忘錄給客戶，這個習慣延續到橡樹資本時期，除了定期藉由備忘錄來闡述投資哲學，還藉此解釋金融運作方式。到了二〇一一年，以過去所寫的備忘錄為基礎，馬克斯寫下《投資最重要的事》，一出版就掀起熱潮，不但巴菲特、先鋒投資集團創辦人柏格盛讚，二〇一二年還邀請喬爾・葛林布萊特（Joel Greenblatt）、克里斯多夫・戴維斯（Christopher C. Davis）、賽斯・卡拉曼（Seth A.

Klarman）等三位當代華爾街著名的投資人，以及哥倫比亞大學商學院副教授保羅・喬森（Paul Johnson）對書中內容評註，等於在一本書中，一次學習五位投資大師的投資心法。

投資哲學一：靠第二層思考，打敗大盤

馬克斯的投資哲學集結、濃縮在《投資最重要的事》中。他認為，成功投資就是要比市場的其他人表現得更好。而要做到這一點，不只要有很好的運氣，還需要有卓越的洞察力，而這樣的洞察力就是馬克斯所說的「第二層思考」。

什麼是第二層思考呢？馬克斯認為，第一層思考只需考量對未來的看法；第二層思考比較深入、複雜，必須考慮更多，像未來可能產生的結果會落在什麼範圍？自己認為會出現什麼結果？我的看法正確機率有多高？大家有哪些市場共識？我的預期與市場共識有多大差異？這項資產的市價與市場共識認為的價格有多吻合？價格反映的共識心態是過於樂觀還是悲觀？

舉例來說，當第一層思考的人說：「這是一家好公司，就買這支股票吧！」第二層思考的人會說：「這是一家好公司，但每個人都認為這家公司很好，所以這不是好公司。這檔股票的股價被高估，市價過高，所以賣出！」

第一層思考看到公司不錯，就決定買進，但是第二層思考會更進一步觀察市場的共識（大家都覺得公司很好）、股價狀況（因為大家都覺得很好，所以造成股價已反映公司很好

霍華・馬克斯的「第二層思考」

投資必須培養比別人優異的洞察力

投資需要更有洞察力的思考，要達到卓越的投資績效，你的預期、市場投資組合也必須與一般人不同，而且你的看法要比市場共識更正確，這就是第二層思考的人最好的描述。

第一層思考

只考量未來的看法

這是一家好公司，就買這支股票吧！	從前景來看，經濟成長低迷、通貨膨脹上揚，該賣出持股！	我認為這家公司的盈餘會下降，所以賣出！

第二層思考

考量市場共識、預期情況、價格變化等

這是一家好公司，但每個人都認為這家公司很好，所以這不是好公司。這支股票的股價被高估，市價過高，所以賣出！	經濟前景糟糕透頂，但每個人都因為恐慌拋售股票，應該買進！	我認為這家公司盈餘的下降幅度低於預期，出乎意料的驚喜會推升股價，所以買進！

資料來源：《投資最重要的事》

的情況），才做出結論（市價過高，所以賣出）。

馬克斯認為，第一層思考的人會尋找簡單的公式和容易的解答，但是這也意味著每個人都可以輕易做到相同的思考，所以通常會得出相同的結論。但這不可能取得卓越的投資成果，因為如果大家的看法都一樣，就表示投資績效都會相同，也就不可能打敗大盤，因為不可能每個人都打敗大盤。

因此，想要打敗大盤，就必須要當第二層思考的人。不只要比市場共識更深入思考，還要做出正確的預測，這樣才有可能創造出色的績效。在二〇〇六年的投資備忘錄中，馬克斯這樣說：「你不可能做別人都在做的事，還要期待表現比他們好……不應該把與眾不同當成目標，而該把它當成一種思考方式。為了讓你與其他人有所區別，與眾不同能幫助你擁有不一樣的想法，並用不同的方式處理那些想法……只有當你採取獨出心裁的行為，你的表現才會不同凡響，而且只有當你的判斷比別人卓越時，你才會有高於平均的表現。」

投資哲學二：在無效率市場中，尋找機會

效率市場假說是許多學者專家相信、奉行的投資理論，這個假說強調在市場效率之下，當出現新訊息時，股價會迅速反應市場對這些訊息重要性產生的共識，因此沒有任何投資人能夠從新訊息中獲利。但是馬克斯認為，就算市場可以快速反應新訊息，也不表示這些訊息會正確反應在資產價格上。這表示，就算股價可以即時反應消息面的效率市場，也可能錯估

資產價值。

但是即便如此，因為每個人都擁有相同資訊，也受到相同心理層面影響，要持續擁有與市場共識不同的看法，而且這個看法還要比共識更正確，並不容易。所以，**擁有第二層思考能力的投資人，會專注在存在錯誤定價或無效率市場，這是績效超越市場的必要條件**。馬克斯認為，無效率市場至少會出現如下的特徵之一：

一、市場價格常常是錯的。因為資訊的取得和分析非常不完整，市場價格往往會遠遠高或低於實質價值。

二、調整資產的風險後，報酬可能比其他資產風險調整後的報酬相差甚遠，因為資產常常被評估為不公平的價格，所以風險調整後的報酬相對於其他資產可能明顯偏高（有如免費的午餐），或是偏低。

三、有些投資人的表現始終能比其他人好，因為存在明顯的錯誤定價，還有參與的投資人掌握了不同的技巧、洞察力和資訊，可以規律地找出錯誤定價的資產來獲利。

所以要成為成功的投資人，必須專注在無效率市場，比別人擁有更優秀的洞察力，才有機會持續發掘出便宜或價格過高的市場，從中獲利。

投資哲學三：買得好，就等於成功賣出一半

馬克斯最值得矚目的投資策略，在於從一般人覺得不好的資產中套利。為什麼他可以從看似高風險的資產中獲利，這取決於判斷資產的價值。在二〇〇三年的一篇備忘錄中他提到：「價值投資人必須把價格當成起點，事情一再證明，無論一個資產有多好，只要用太高的價格買進都會變成不好的投資。」相對地，如果你用「非常低價」買進一個爛資產，那還是很便宜；只要等到那個爛東西的價格回升就會賺錢。

因此他認為，**沒有一種資產或投資天生就有高報酬，只有在價格對時才有吸引力，所以橡樹資本的投資理念是：「買得好，就等於成功賣出一半。」**也就是說，不用在乎花多少時間去思考要以哪種價格、什麼時間或透過什麼途徑賣出股票。因為，如果買得夠便宜，最後這些問題自然會有解答。

馬克斯認為，想要獲利通常有四種方法：一種是從資產的真實價值成長中獲利，但這通常需要大量的專業知識，而且你的意見要比別人好，與眾不同才有機會達成。第二種則是利用槓桿操作，也就是用融資買進投資標的。但這並不會提升獲利的機率，只是增加獲利或虧損的幅度，而且當資產價格下跌或沒有流動性時，可能遇到斷頭的危險。

另外，還可以想辦法以超過資產價值的價格來賣出獲利，但這依賴買家出現不理性的行為。最後一種則是以低於價值的價格買進，等待資產價格朝著價值接近。對馬克斯來說，

第四種方法是最可靠的獲利方法，因為這只需要市場上的投資人清醒地回到現實就好。所以，在一九九四年的備忘錄中，馬克斯特別提到：「最安全，而且獲利潛力最大的投資就是在沒有人喜歡的時候買進，等到投資標的受歡迎之後，它的價格只有一條路可去，那就是上漲。」

投資哲學四：聰明承擔風險

風險是馬克斯特別重視的議題，他之所以能在垃圾中尋找黃金，靠的就是判斷能否承擔風險，畢竟投資面對的是不確定的未來，沒人能確保自己知道未來，所以避免不了風險。因此，想要讓投資長久成功，就必須正確處理風險。

財經學者常把風險跟波動性連結起來，認為價格波動越大，風險越高，因此需要有更高的投資報酬率才能吸引投資人。但是馬克斯認為，波動性與風險最沒有關係。在二〇〇六年的備忘錄中，他如下定義最重要的風險：「我認為投資者不願投資的主要原因是擔心資金虧損，或是報酬低到無法接受，但對我來說，『我需要更多上漲潛力的投資標的，因為我害怕虧錢』。比起『我需要更多上漲潛力的投資標的，因為我害怕價格波動』的說法更為合理。沒錯，我確信，最重要的「風險」就是虧錢的可能性。」

但要事前確認有無可能虧錢通常不可能，而且總是會出現意想不到的風險，就算自認已經以「最差狀況」來預測，但還是可能出現更糟的結果。大家可以想像當遇到金融海嘯時，有誰能預料到全球股市都嚴重下跌呢？為什麼會如此？馬克斯認為，因為「最差的狀況」通常指的是「過去見過最差的狀況」，這並不意味「未來最差的狀況」。

為了獲利該如何聰明承擔風險呢？馬克斯舉了人壽保險的例子說明，既然人都會死，為什麼保守的壽險公司敢為壽命提供保險呢？因為這些公司做到了四件事：一、他們知道每個人都會死，而且考量了各年齡層的死亡率多寡；二、他們有能力分析這個風險，所以會利用健檢來評估投保人的健康狀況；三、他們有能力分散風險，所以會確保投保者分散於不同年齡、性別、職業和居住地，藉此降低風險，不會因為單一個案或系統性的風險造成大幅虧損；四、他們確定承擔此風險可以得到不錯的收入，所以精算各年齡層、各健康條件的平均死亡率，制定能夠獲利的保費。

同樣的情況也可套用在投資上，馬克斯提到，有些人稱橡樹資本買賣的資產為高風險，但橡樹資本會雇用技術高超的專業人士來分析投資標的的風險，並適當分散投資組合，而且只有在報酬率遠遠夠高時才會投資。

這意味著**在考量風險問題時，不是要規避風險，而是要控制風險。控制風險的目的是避免虧損，但是規避風險很有可能也規避了報酬**。所以，不能對大部分的事情都做最壞的準備，只要為一個世代會發生一次的事情做好準備就夠了，不需要用為未來幾百年才可能發生一次的事情做好準備。馬克斯認為，真正成功的投資人應該是「在對的時機、對的形勢和對的價格，歡迎風險」。

投資哲學五：熟練接住掉下來的刀子

因此，想要當第二層思考的優秀投資人，需要對抗市場共識，在大部分人都犯錯的時候，做出與眾人相反的事，也就是反向投資。

在投資市場很容易看到瘋狂的買家或恐懼的賣家，急於買進與賣出，結果讓股價處於無法持續的高點或離譜的低點。這時該做的就是採取反向行為，在群眾討厭時買進，在群眾喜歡時賣出。馬克斯認為，**一生只會出現一次的市場極端，似乎每隔十年就會出現一次，投資人可以好好把握**。

但是反向投資很不容易，因為很多時候市場沒有高估或低估到值得參與，不然就是處於高估或低估的時間很長，長到眾人都說你是錯的，你會非常痛苦，甚至開始懷疑自己的判斷是否正確。

馬克斯認為，基本上從兩件事來判斷，就能知道反向操作是否合理：一是對「好得不像是真的」抱持懷疑；二則是對「糟得不像是真的」心存質疑。

在金融海嘯發生前，前景一片看好，但是馬克斯卻在二〇〇七年四月的備忘錄中討論「每個人都喜歡的投資」，因為這些投資「好得不像是真的」，投資人應該要避開。他認為，必須要小心應對每個人都喜歡的投資，這可以從四個角度來看。

一是因為這項投資一直表現很好，所以多數人似乎認為直到此刻都還有傑出表現，便預示未來也會持續有傑出表現。但實際上，更有可能的情況是，正因為直到現在的傑出表現已經反映了未來情況，因此意味未來表現將會欠佳。第二是這項投資的價格很有可能已經被吹捧到某個程度，未來上漲的空間相對較少。第三則是這項投資已經被徹底開發，而且有太多資金流入，沒有太多便宜標的留下來。最後一個則是如果群眾改變集體心態，轉而退場，標的就有價格下跌的顯著風險。

所以，馬克斯認為，如果希望有優異的投資表現，就必須看見或賞識一些優點（而且尚未反映在價格上），而且這個優點後來證明是對的（或至少會被市場接受）。

對經歷過金融海嘯衝擊的人來說，可能對覺得「好得不像是真的」大有感觸，但是要了解「糟得不像是真的」卻並非易事。想想金融海嘯那年，股票動輒虧損一半以上，當時很多投資人很快拋售持股，希望能降低風險，但是如果沒在隔年就進場布局，你可能錯失市場大幅反彈的成果。

馬克斯就提到，「很多在二〇〇八年第四季蕭條時期購買的不良債券，十八個月後得到五〇至一〇〇%、甚至更高的報酬率。在那樣艱難的情況下，決定買進極端困難，但當我們了解，幾乎沒有人在說：『不，事情沒有那麼糟。』的時候，做出買進決定就很容易。在那個時刻，保持樂觀並出手買進就是反向投資的基本表現」。

所以卓越的投資人會勇於反向投資，雖然刀子落下，還是要在尚未完全落地前，熟練地接住。因為當刀子落地，便表示情況已塵埃落定，不確定性都解決了，那也表示沒有便宜的標的可以考慮了。但是大家也要小心，如果太快接下刀子，可能因此重傷。**小心熟練地接住掉下來的刀子，是成功投資人在最低風險下，獲得最高報酬的方法**。

如果盤點現存的投資大師，要像馬克斯一樣經歷過一九七〇年代經濟危機、二〇〇〇年至二〇〇一年網路泡沫、二〇〇七年至二〇〇八年金融海嘯，而且還在投資市場存活的專業投資人已經不多，特別是瞄準不良債券的另類投資更是少之又少。馬克斯充分展現價值投資的專業，持續從眾人覺得的垃圾中挑出黃金，打造出獨樹一格的投資策略。

霍華・馬克斯的投資心法

- 要達到卓越的投資績效，你必須對於「價值」擁有與眾不同的觀點，而且必須做出正確的判斷，這並非易事。
- 投資在便宜標的上並不需要要求投資標的擁有高品質，事實上，如果品質低到讓投資人害怕避開，反而更是便宜標的。
- 買得好，就等於成功賣出一半。
- 確認風險往往是從了解投資人掉以輕心、過於樂觀與對某個資產出價過高開始。換句話說，高風險主要來自高價買進。
- 「普遍相信沒有風險」就是很少見的高風險，因為只有投資人適當的規避風險，預期報酬才會內含適當的風險溢酬。
- 部分的投資人決定一件東西是否有高風險，看的是品質，而不是價格。
- 你必須做的不只是與群眾做出相反的事，還要知道群眾為什麼是錯的。只有這樣你才能強力堅持自己的看法，加碼更多看似錯誤，而且虧損可能高於獲利的投資標的。

Chapter 5

喬治・索羅斯

金融巨鱷以反射性理論，
掌握投資時機

George Soros

這個世界越來越不可測，超乎預期的黑天鵝事件越來越多。每次股市出現大動盪時，就會看到許多散戶虧錢退場，一時叱吒風雲的少年股神也大傷元氣。不過有些大師級人物卻是「亂世求生」的高手，經濟情勢越動盪，獲利就越豐碩，最知名的莫過於索羅斯。

索羅斯是著名的金融巨鱷，他被《經濟學人》（*The Economist*）稱為「擊垮英格蘭銀行的人」。一九九七年，他在亞洲金融風暴中扣下扳機，從此成為各國央行的頭號敵人，還被《美國商業周刊》喻為「撼動市場的幕後推手」。

然而，也因為他總能從亂世中獲利，被《機構投資人》（*Institutional Investor*）雜誌封為「全球最傑出的基金經理人」。他操盤的量子基金（Quantum Fund）成立頭三十年，平均年報酬率超過三〇％，特別是一九九三年的報酬率高達一二五％。他認為，雖然世界九九％的時間會依照常理運作，但每當一％的意外發生，衝擊將遠超過過去九九％。「而我，只對那出現變動的一％市場感興趣」。

六十年前，他還只是個無名小卒，因身為猶太人，從小被納粹迫害，飽受戰火洗禮。在英國求學時，為了求生存，他曾經擔任油漆工、洗碗工、泳池救生員等工作，最窮的時候，甚至得靠客人留下的殘羹剩菜果腹。

不過到了他宣布將資金還給外部投資人那年，也就是二〇一一年，他的身價已經高達一百四十五億美元，在《富比世》全球富豪榜排行中排名四十六名。

從無名小卒到世界巨富，這一切，源自於他求生的本事。他擅長與不確定共處，並從中獲利。「我特別長於偵測，及應付遠離均衡的狀態。」他自剖。

學會敬畏不確定性，在反常中找規則

「我成長在匈牙利。十四歲的時候，德國人占領匈牙利，屠殺猶太人，如果沒有父親幫我們全家換假身分逃出去，我早就被屠殺掉。對一個十四歲的青少年來說，這樣的經驗教導我，世界不總是對的，一定有錯誤在其中，這是一個非常大的教訓，也塑造我的世界觀。」

從此，父親成為索羅斯一輩子的偶像。

「他（指索羅斯父親）曾經是蘇聯監獄裡的囚犯，並且活過了俄國革命，從蘇聯俘虜營中逃出來。」索羅斯回憶「他學到的經驗是，有時正常的規則並不適用，尤其當政治環境改變時，與正常狀態相去甚遠，此時『正常是反常，而反常才是正常』」。

「這是我父親學到的教訓，也因為有這些學習，他才能保全他的家庭。」索羅斯稱父親為「求生藝術大師」。

人生最憂患的一年，也是少年索羅斯最快樂的一年，「用假身分證過日子真是痛快。」他說：「這是百分之百的冒險，就好像親身經歷《法櫃奇兵》的世界。一個十四歲的小孩還能再多要求什麼呢？」

就像印地安那瓊斯一樣，「我知道有危險，但又覺得傷害不了我」，索羅斯臉上浮起淡淡的微笑，「好比那時我會排隊領雪茄，但猶太人是被禁止的，如果被抓到就是死路一條，

喬治・索羅斯大事紀

年分	歲	事件
1930	0	出生在匈牙利布達佩斯，從小被教授世界語（esperanto）
1936	6	逃過納粹屠殺，父親將原本姓氏Schwartz更改為Soros
1944	14	納粹入侵，索羅斯用假身分逃離匈牙利
1948	18	進入倫敦經濟學院（LSE）就讀經濟系，深受波柏「開放社會」哲學思想啟發
1952	22	倫敦經濟學院畢業，進銀行工作
1956	26	移民到美國，當套利交易員，建立反射理論
1959	29	擔任美股分析師和證券交易員
1967	37	說服公司老闆，成立第一老鷹海外基金，擔任基金經理人
1969	39	成立第二檔基金：雙鷹避險基金
1973	43	與羅傑斯合作，創立索羅斯基金管理公司（Soros Fund Management），基金後更名為量子基金
1979	49	成立慈善基金會，贊助民主運動
1985	55	做多日圓和馬克大獲利，創下122%報酬
1989	59	找到朱肯米勒當共同操盤人，征戰各國金融市場
1992	62	用100億美元與英格蘭銀行對做英鎊，總共獲利10億美元
1993	63	正式成立開放社會基金會（OSF）
1994	64	放空墨西哥披索，賺5億美元
1997	67	亞洲金融風暴，放空亞洲貨幣，其中泰國、馬來西亞勝利，香港失敗
1998	68	看好俄羅斯改革開放、經濟起飛，做多俄股，但錯估管制措施，資金無法匯出

年分	歲	事件
1999	69	朱肯米勒過早放空網路科技類股，基金虧損超過20%，隔年朱肯米勒離職
2000	70	索羅斯重掌操盤中心，基金獲利35%，隔年量子基金停止募集，轉型為量子捐贈基金，多數是自己資金
2007	77	美國次貸危機惡化，索羅斯接手坐鎮，同年量子基金報酬32%，遠勝大盤與同業
2011	81	《富比世》全球富豪榜第46名，身價145億美元。宣布結束避險基金經理人工作，將掌管的資金退還給外部投資人
2012	82	放空日圓，至少賺進10億美元
2015	85	宣布退休
2018	87	《金融時報》評選索羅斯為年度人物
2021	90	在《華爾街日報》（*The Wall Street Journal*）撰文批評，貝萊德（BlackRock）投資中國，將會產生「悲劇性的錯誤」
2023	92	《華爾街日報》專訪指出，索羅斯2023年12月任命37歲的次子亞歷山大（Alexander Soros）為開放社會基金會的董事長，且將其列為索羅斯基金管理公司投資委員會中的唯一一位家族成員

但我樂在其中。」

不過他最震撼的死亡經驗，是在德國結束包圍匈牙利之後，看到滿地屍體，讓他連續好幾天吃不下飯。索羅斯分析死亡對自己的影響，「死亡教導我要敬畏外在無法控制的環境，遠超過我在金融市場上遇過的所有風浪。」

為籌學費，當過洗碗工、油漆工

二次戰後，蘇聯占領匈牙利，假鈔盛行，英鎊貶值，父親經常叫索羅斯拿客戶的珠寶到黑市換錢，展現索羅斯套利的天分。他發現，雖然技術上將黃金分成：首飾、片狀黃金和碎狀黃金三種等級，但實際上，「你想買的時候，它就是流行首飾；你想賣的時候，他就變成碎狀。在變動不居的時候，什麼東西都可能有人要，只要拿到有價值的東西，都可以賺取驚人利潤」。也因此，他總是可以換到最好的價錢，他對國際金融的概念也於此萌芽。

十七歲的索羅斯逃離死亡魔掌，對自己充滿信心，決定到英國投靠親戚，沒想到英國經驗竟是屈辱與痛苦的開始。

「倫敦生活真是我的低潮期。」索羅斯大嘆一口氣。當時他為了繳學費，當過洗碗工、住宅油漆工、模特兒工廠工人、救生員、餐廳侍者、採水果臨時工，從一個零工換到另一個。

「我沒錢、沒朋友，也不懂英文，我對自己充滿想法，可是倫敦的人對我一點興趣都沒有。我就像是一個朝裡面望的局外人，看到的只有孤單。」他回憶，「有一次我買完食物，身上一毛錢也沒有，我已經觸底了，我告訴自己，『我一定會起來的』」。

即便他後來考上倫敦經濟學院，仍被視為舉止奇怪的異鄉人，經常被同學嘲笑英文怪腔怪調。然而，「這是一個有價值的經驗，但也是人生的低點」。

揮灑套利天分與哲學思考，縱橫市場

命運關上大門，卻為索羅斯開了另一扇窗。他在倫敦經濟學院遇到第二位啟蒙老師：二十世紀哲學大師卡爾・波柏（Karl Popper）。「他的學說和作品深深影響我，我接受他的哲學思想，包括投資的科學方法也深受影響。」索羅斯說。

四年後，索羅斯轉往紐約發展，一九六九年操盤雙鷹基金（Double Eagle），隔年便因為績效表現優異，基金規模從四百萬美元膨脹到兩千萬美元。一九七三年，索羅斯決定助手吉姆・羅傑斯（Jim Rogers）合作，自立門戶，將基金更名為「索羅斯基金」（Soros Fund），直到後來與羅傑斯拆夥，在一九七九年又改名為「量子基金」（Quantum Fund）。

獨立操盤後，索羅斯蓄積了三十年的能量，糅合求生的欲望、套利的天分、不安全感的性格與哲學的涵養，在投資舞台上，一次迸發。他稱自己為「動能投資者」（momentum investor），永遠在尋找市場失去均衡的時刻當成投資機會。

「如果你要我用一個詞總結自己的投資法則，那就是『求生存』（survival）。」索羅斯說，而及早認錯更是求生存之本。一九八七年美股崩盤，更是他認錯再起的代表作。

那年，日本股市的本益比是四十八・五倍，美國是十九・七倍，索羅斯判定日股幾近崩盤，而美股還會溫和的回檔，於是他把數十億美元的投資，從東京轉回紐約，並放空日股、做多美股。

結果日股不但沒跌，美股還出乎他預料的發生股災，量子基金虧損持續擴大。索羅斯當機立斷，賣出全部的美國多頭部位。

「我知道麻煩大了，我看錯了，原本以為股市崩盤會發生在日本，結果放空日圓的部位立刻成為負擔，並迫使我撤出做多的部位，以避免流動性風險。我很快便回補，因為我的原則是先求生存、再求賺錢。」索羅斯回憶。

毫不戀棧地，他用低於行情的價格，把整個投資組合賣掉。但是兩週內，他就重新操作龐大的資金。到該年底，量子基金績效高達一五％。

「這一行沒有人能夠高明地承受損失，但索羅斯非常善於認賠，而且不擔心自尊。」前量子基金操盤手史丹利・朱肯米勒（Stanley Jukenmiller）評論：「他在戰爭中面對生存、死亡，是很重要的訓練，所以即便虧損嚴重，他仍有智慧能夠立刻東山再起。」

與英國央行對做，一戰成名

索羅斯第一次讓全球央行戒慎恐懼，是與英格蘭銀行對做的戰役。一九九二年九月十六日，那天，英國陰霾滿布，紐約卻陽光普照。索羅斯看準英鎊貶值，向銀行融資三十億美元，開始攻擊計畫。他預估英鎊貶值，相對強勢的馬克、法郎勢必升值，因此，他決定：放空英鎊二十億美元，買進馬克、法郎六十億美元，做多德國和法國債券。

為了不讓英鎊貶值，中午，英格蘭銀行祭出最後手段，宣布升息兩個百分點！這一刻，索羅斯知道，自己贏了。他臉上浮現勝利的笑容，「因為高利率加速損傷英國經濟，他們接近放棄邊緣」。

當時，量子基金的操盤手朱肯米勒向索羅斯請示該下注多少：「三十億或四十億美元？」

只見索羅斯說：「部位太小了，至少要加到一百億美元。你要直搗咽喉，就像在桶子裡面射魚，只要桶子還在，不停去射就是。」於是，朱肯米勒幫索羅斯放空了一百億美元，那時，量子基金的規模不過十億美元。

但索羅斯說：「這是一輩子只有一次的機會，而且『風險報酬比』極度有利，一定要比我們平常玩得更大。」

在金融大鱷猛烈攻擊下，短短五個小時，英格蘭銀行投降，放手讓英鎊貶值二〇%，損失高達一百億英鎊。這一天，英國人稱為「黑色星期三」，平均每個英國人損失十二・五英鎊。但索羅斯這天的帳面獲利有十億美元，若包括其他部位，約二十億美元。

擊垮英格蘭銀行五年後，索羅斯儼然成為全球避險基金的統帥。他集結老虎基金（Tiger

Management）等知名避險基金，趁東南亞泡沫化的時刻扣下扳機，引爆金融風暴。影響所及，泰國外匯存底告罄、泰銖貶值六五％；馬來西亞緊急宣布外匯管制。他還看準了才剛回歸中國的香港。

不過，由於港政府與金融管理局積極捍衛，加上中國政府力挺，索羅斯狙擊港幣的計畫無功而返，但無損於他的市場地位。

獻身慈善事業

雖然索羅斯早已看準科技泡沫，但旗下操盤手朱肯米勒卻過早放空科技股，因此造成一九九九年量子基金大失血。隔年，七十歲的索羅斯，因年事已高，加上積極投入幼年夢想：推動世界和平，於是在二〇〇一年關閉量子基金，將其轉型為量子捐贈基金（Quantum Endowment Fund），以管理索羅斯家族基金會為主。自此，金融大鱷退隱江湖，化身為慈善企業家，持續在新興國家做善事。

然而，二〇〇七年美國次貸爆發，索羅斯血液裡的冒險基因又蠢蠢欲動，因為市場又出錯了！「在如此悲觀的市場情況下，我實在不放心把自己的錢交在別人手裡。」因此，他在所有量子捐贈基金之上再設一個帳戶，重新披掛上陣，掌握全局。那年，量子基金的報酬是三二％，遠勝大盤與同業。

二〇一一年，索羅斯突然又宣布將掌管的資金退還給投資人，正式結束避險基金經理人的工作。不過隔年索羅斯又看到賺錢機會，這次瞄準還沒從地震與海嘯襲擊中恢復的日本。在當時首相安倍晉三公布刺激經濟政策後大力放空日圓，因為他判斷安倍晉三的政策會加大貨幣供給，並將利率降到負值，但日本央行卻維持日圓強勢，因此日圓將要暴跌，這個行動又讓索羅斯賺進十億美元。

投資哲學一：靠「反射理論」，在利空來時更賺錢

「我的理論架構，對我個人而言非常重要，它讓我在當避險基金經理人時賺錢，並讓我花錢時像個慈善家，理論架構逐漸變成我身分的一部分。」索羅斯口中的理論架構，就是他念茲在茲的反射理論（theory of reflexivity）。這是他在英國倫敦經濟學院主修經濟學時，受到哲學大師波柏影響，逐漸發展出來的理論。

儘管已是億萬富豪，五十年來，索羅斯從未放棄成為哲學家的夢想。從一九八七年起，幾乎每隔十年，他就會出一本書，說明自己的反射理論，譬如《索羅斯金融煉金術》（*The Alchemy of Finance*）、《謬誤的年代》（*The Age of Fallibility*）等。

遺憾的是，世人總只關注他用什麼技巧賺錢、看好什麼標的，卻不願意了解反射理論。關鍵在於反射理論的艱澀，就像索羅斯曾說過：「我理論的鮮明特色就是，沒有提供任何確定的預測。」他也總幽默地稱自己是「一個失敗的哲學家」。

到底什麼是反射理論呢？

索羅斯說，這個理論想挑戰古典經濟學理論中的「理性預期學派」。後者的假設是，人們針對某個經濟現象（例如市場價格）會給予理性的預期，他們會盡可能、充分利用得到的資訊來行動，而不會犯下系統性的錯誤；因此，平均來看，人們的預期應該是準確的，市場會達到均衡。

但是，索羅斯認為，這種認為「金融市場總是朝向均衡發展的理論，不但是錯誤，而且導致誤解」。

反射理論的前提即是：「我們對這個世界的理解，天生就不完美。」因為人們的思考有兩個層次，「一方面，他們尋求去了解自己的處境，我稱之為認知功能；另一方面，他們嘗試改變自己的處境，我稱之為操縱功能。這兩項功能在某些情況下會相互干擾，我稱之為反射」。

從大腦功能來看，人們認為自己了解的投資環境是「真實」，但實際上，這只是經過大腦合理化後的「真實」。而大腦對世界的理解並不完美，所以我們感受到的只是自以為的「真實」，然後根據自以為的「真實」下決定。因此，「市場參與者不只根據資訊決定，他們偏頗的感受還會影響市場價格，以及影響那些價格所應該反射的基本面」。

換言之，我們必須了解，**自己的決定，其實都是被不完美的理解所影響；對應到投資市場上，這個不完美的預期，也將影響市場的走向**。

而人們傳統認為，趨勢就是多空循環，趨勢的形成是先緩步加速、到達高點，然後再緩步下滑，過程像一個對稱的鐘型曲線。但索羅斯認為，因為投資人的預期心理，導致趨勢形成過程經常不對稱，通常先緩步加速、到達高點，然後急速反轉，這就是索羅斯著名的盛衰交替模型。

投資哲學二：掌握股票市場的反射性，抓住投資機會

在索羅斯的經典作品《索羅斯金融煉金術》中，以股票市場說明這套反射性理論。索羅斯認為股價取決於兩個要素，一是市場觀察到的主流偏向，這個主流偏向可能上漲，也或許是下跌；另一個則是潛在趨勢。而主流偏向與潛在趨勢又會進而受股價影響。

以股價與每股盈餘的曲線變化九階段圖來說明。假設每股盈餘是衡量投資人關心的基本面指標，因此可以代表潛在趨勢。一開始潛在趨勢已經反應到每股盈餘上，但是沒有得到市場認可，因此，每股盈餘曲線在股價上方，等到市場終於認可潛在趨勢存在，股價會漸漸漲到每股盈餘上方，這個過程可能會來來回回，最終，市場對這個趨勢越來越有信心，即便實際情況並非如此，股價仍舊持續走高。股價越高，又會讓潛在趨勢更為確立，因而強化市場預期，促使股價超漲。

不過，當股價超漲到一個幅度，再也支撐不住市場的期望時，股價就會重挫，結果潛在趨勢反轉，趨勢一反轉，就是跌得又急又快。一直要跌到市場悲觀過頭，股價才會慢慢趨於穩定，等待下一個趨勢反轉。

喬治・索羅斯的「股票市場的反射性理論」

以股價與每股盈餘的曲線九階段說明

1. 潛在趨勢反映到每股盈餘，但並沒有得到市場認可（A-B）。
2. 市場終於認可趨勢存在，股價因為上升的預期而高漲（B-C）。
3. 此時或多或少會有一些疑慮產生，不過這個趨勢並未中斷，因此會重複測試，這裡只測試一次（C-D）。
4. 信心越來越強，不再因盈餘趨勢倒退而動搖（D-E）。
5. 漸漸地，期望變得過度膨脹，現實終於再也支撐不了期望（E-F）。
6. 這樣的市場偏向獲得認可，期望進而降低（F-G）。
7. 股價失去最後的靠山，並開始重挫（G）。
8. 潛在趨勢反轉，強化股價跌勢（G-H）。
9. 最終悲觀過頭後，市場漸漸趨於穩定（H-I）。

根據上述觀察，投資人可以在A-B時悄悄買進股票，C-F時瘋狂買進，F-G時開始放空，G-H時瘋狂放空，H以後則伺機抄底。

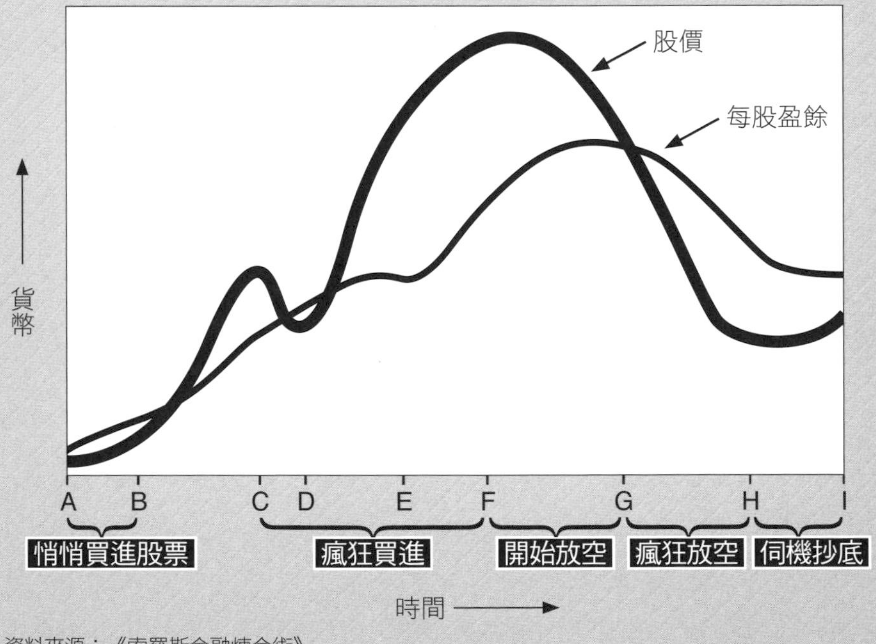

資料來源：《索羅斯金融煉金術》

索羅斯以美國一九六〇年代的綜合企業熱潮為例，一開始綜合企業的成長很快，因此市場給予這些企業很高的本益比。而投資人非常重視每股盈餘，而且不管盈餘來自哪裡，都給予一視同仁的評價，因此，許多企業應對的方法就是拿公司股票去併購其他公司，創造更多盈餘。投資人看到企業的盈餘和營收因此加速成長，所以預期越來越高，推升股價上漲。

後來轉折點出現，以電腦租賃公司起家的索爾・史坦伯格（Saul Steinberg）併購當時美國大型金融機構化學銀行（Chemical Bank）失敗，讓趨勢反轉，股價開始下跌，進而引發恐慌，導致股價進一步重挫，用公司股票來併購、因而創造成長的問題一一浮上檯面，綜合企業熱潮消退，投資人也做出最壞打算。直到有些企業的表現優於預期，局勢才漸漸穩定。

索羅斯認為，**投資人如果要賺錢，就要推斷出即將發生、預料之外的情況，判斷盛衰過程的出現，反趨勢採取行動**。他就是因為能觀察到這種盛衰交替的變化，每每抓住最好的投資時機。

投資哲學三：採取總體投資策略，加上槓桿操作

在實際操作上，索羅斯採取總體投資策略（macro investing），並進行槓桿操作。他會挑選個別股票與不同的股票投資組合進行順勢操作。索羅斯比喻，一般的投資組合就像是兩度空間的平面體，而「我們的投資組合則比較像是一幢建築物，運用槓桿原理，結構的操作。

我們以股東資本（equity capital）為基礎，建立起一個三度空間的立體結構，而支持這個立體

結構的則是證券的抵押價值」。

他舉例，量子基金如果買股票，五成用現金，另外五成則使用貸款。如果是投資債券，貸款比例更高，這樣用一千元就可以買進價值五萬美元的長期債券。另外他還會放空，先融券，之後再用更低的價錢買回來，賺取利差，同時並建立貸款或指數期貨的部位，「這些部位會互相呼應，創造一個立體的風險與機會結構」。

但是索羅斯並沒有特別的投資作風，如果觀察量子基金停止對外募集資金前的操作取向，可以發現至少分成兩個時期。一九六九到一九八一年，操作風格謹慎，投資標的以個別公司和產業為主；一九八二到二〇〇〇年，採用「３D到５D立體戰術」，也就是布局即將發生轉變的市場，以及連帶受影響的市場，一次投資三到五個目標。他在受訪時曾說到，他會視市場情況操作，「應該這麼說，我並不按既定的原則行事，但卻留意遊戲規則的改變」。

投資哲學四：先進場、再評估

索羅斯自己提過，他普遍的策略是「先進場、再評估」。「我總是在尋找趨勢的破綻，趕在趨勢轉變之前先找到問題，並提早改變做法，因此能夠很安心地持有手中股票。反過來說，有時候我們發覺原先的論點已經錯得離譜，也會盡快退場，先出場再說」。

但這並不是說毫無來由、隨便找一個標的投資。在投資前，索羅斯還是會先持有一套投資假設，再根據假設判斷未來事件怎麼發生，提出一套論點，然後挑選符合假設的投資環境。進場後，比較實際情況和論點之間的差異，進一步檢驗原先的假設。「當現實與假設有所偏差，我會運用批判思考，找出偏差的原因；我或許會調整投資主題，也有可能找出突然出現影響的外力因素，所以最後有可能是加碼，而非賣掉」。

索羅斯也很在乎直覺反應，最著名的就是背痛時，就會調整投資組合。「我曾經將背痛當成投資組合出了某種差錯的警訊。我是在察覺哪裡出差錯以前先感到背痛，甚至在基金價值還沒有下跌以前就覺得背痛。對我來說，背痛是非常有價值的訊號」。

雖然有人一直跟他說，這根本就是有一套找出錯誤的邏輯，與背痛無關。「但事實上，當我不停檢視投資決定是否合乎原先邏輯，一旦理性思考出現問題，接著身體也會有反應，所以出現背痛和哲學是同一件事，兩者彼此息息相關」。

投資哲學五：我的成功來自於認錯

索羅斯接受訪問時曾說，要面對現實，體認錯誤是其中最重要、也最困難的一步。多數人以為，認錯是羞恥的來源；但實際上，只要能體認「不完美的理解」（imperfect understanding）是人類的常態，就不會覺得認錯有什麼好丟臉的。

一九八七年美國股市崩盤時，索羅斯做多美股、放空日股。財經週刊《霸榮》當時估計量子基金在不到兩週內會虧損八・四億美元。索羅斯為了存活下來，在股市崩盤那週，他馬上認錯，立刻大砍美股多頭部位。

「在現在這個反常的年代，經常遭遇的狀況是，你體認到自己犯了錯，但同時又必須做決定、必須有所行動，更讓環境充滿不確定性。而人們害怕不確定，總會不自覺逃避，再加上有各種意識形態可以幫你逃避不確定性。你看一些權威，無論是神權或威權，總要告訴你怎麼做，讓你可以逃避不確定性。而我有認錯的勇氣。當我一覺得犯錯，就會馬上改正，這對我的事業十分有幫助。**我的成功，不是來自於猜測正確，而是源自於承認錯誤。**」索羅斯說。

只是一般人很難承認錯誤，因為認錯等於否定、質疑自我，這違背人性，「但實際上，那種『自我』不利於在金融市場求生存，久而久之，金融市場的本質也會摧毀那種『自我』」。

雖然索羅斯主要的獲利都來自槓桿操作，對看準的趨勢下重注，但是他卻提醒投資人，千萬不能成為賭徒。「你先做好功課，然後投資一部分，但拿來投資的部分，絕不可影響你的生活基礎。如果你是一個醫生，或者餐廳經營者，你有固定收入，然後存起固定收入的一部分。一旦你能累積更多存款，你就可以冒點風險投資，但是不要做得太過分」。

儘管反射理論難為一般人所懂，但其實它的核心思想在於：不確定性。因為人們不完美的理解，因此許多假設充滿謬誤，趨勢的發展也會越來越測不準，就是索羅斯所謂的「可錯性」、「測不準原理」。

「我的競爭優勢在於有能力認清遊戲規則是否已出現變化。」索羅斯提到，「我曾半開玩笑地說，只要四十八個小時，我就能成為任何一個主題的專家」。就是因為索羅斯擅長與不確定共處，快速學習、臨機應變，因此在亂世中總能辨識出市場缺陷，從眾多投資人中脫穎而出。

喬治・索羅斯的投資心法

- 我的原則是先求生存，在談賺錢。
- 我知道自己可能出錯的心態讓我缺乏安全感，缺乏安全感使我隨時處於備戰狀態，因為隨時提高警覺以應對錯誤。
- 不論什麼投資主意，我都設法找出它的缺點，找到缺點，我就安心了。相反地，假如只看到好的一面，我就會擔心。
- 我堅決主張金融市場永遠是錯誤的。
- 我之所以富有，是因為我知道自己什麼時候犯錯了……我基本上是藉由認識自己的錯誤存活下來。
- 我們嘗試盡早抓住新趨勢，並在後期試著抓住趨勢反轉。因此，我們往往是會讓市場穩定，而不是讓市場不穩定。我們這樣做並非提供社區服務，這是賺錢的方法。

Chapter 6

瑞・達利歐

從強大數據和歷史銳利眼光，
孵化全球最大避險基金

Ray Dalio

在避險基金界，最著名的投資大師就是達利歐。達利歐的橋水基金（Bridgewater Associates）直到二〇二一年底一直都是全球最賺錢的避險基金，成立以來已經為投資人賺到將近六百億美元。

特別的是，橋水旗下的旗艦基金，也就是純阿爾法（Pure Alpha）避險基金，報酬率與傳統市場、其他避險基金的表現完全無關，績效還穩定成長，自一九九一年創辦至達利歐退休前的二〇二二年六月，年平均報酬率為一一・四%。這意味著不論市場多空，純阿爾法基金都不會受到任何影響，而且持續有不錯的表現。

之所以有這樣的成績，與達利歐專注於找出讓風險降低、但報酬增加的模型有關。其實早在橋水公司成立初期，達利歐就發現電腦的潛力，因此他很早就開始蒐集各市場的數據，並將學到的技術分析工具輸入電腦分析，藉此找出最好的模型，他自稱「能夠深入發掘各種細微數字」，因此有「演算法股神」的封號。

他擅長從資料中觀察到空頭市場的徵兆，藉此避免受到市場大幅下跌的影響。像是二〇〇七年次貸風暴爆發，他早在前一年就已未卜先知；二〇一八年貿易戰導致股市大跌，達利歐的基金反而交出近一五%的淨報酬率。無怪乎研究投資市場動態的《機構投資人》，稱他是「最會從危機裡賺錢的人」。

達利歐的理論也受到不少名人推崇：前聯準會主席保羅・沃克（Paul Volcker）曾稱其自製的統計數據「比聯準會的數據更有用」；債券天王葛洛斯也稱，聯準會的理論模型早已過時，「應該借鏡達利歐的獨創模型」；《經濟學人》稱達利歐的想法「必須認真對待」。當然達利歐也不是屢戰屢勝，他稱四十年來自己的理論「應驗機率只有六成」。

另外，也有媒體把達利歐譽為「避險基金界的賈伯斯」。確實，達利歐改變了整個投資服務產業。從客戶服務、資產配置、經濟研究、客戶溝通，到資本回報全都設立了新的標竿，這跟史蒂夫・賈伯斯（Steve Jobs）推出跨時代新產品與服務如出一轍。實際上，達利歐也崇拜賈伯斯，兩人的習慣也一樣。賈伯斯常坐禪冥想，達利歐也常超覺靜坐；在達利歐撰寫的暢銷書《原則》（*Principles*）中，還特別提到靜坐「帶給我一種平靜且開放的思維，讓我思考得更清楚，更有創造性」。

從小就有好奇心、想賺錢

達利歐在長島（Long Island）的中產階級家庭出生，父親是爵士樂手，母親是家庭主婦。從小就有很強的好奇心，喜歡挖掘新事物。因為不喜歡死記教科書上的內容，所以高中成績不好。但對一件事情感興趣的時候，他就會義無反顧勇往直前。

像是他從小就很想賺錢，因此打過很多零工：送過報紙、鏟過車道積雪、在餐廳洗過碗盤；而影響他一生最大的是在高爾夫球場擔任球僮。

那是發生在十二歲的時候，他每揹一個桿袋，就可以賺六美元。他有一些固定的雇主，其中不少是華爾街的投資人。當時美國仍在輝煌時期，每個人都充滿理想抱負，人人都在談論股市。他耳濡目染，也躍躍欲試。因此他開始閱讀《華爾街日報》，尋找投資標的。當時他列出的選股標準有三個：股價不超過五美元、他聽過的公司；以及成交量大，想買的時候就買得到。他認為股票如果買得多，就會賺更多錢。這讓他選到第一檔股票：東北航空公司（Northeast Airlines）。雖然現在看來這樣的選股標準並不適當，不過他很有新手運，這家公司在破產前就被併購了，讓他賺到兩倍的錢。

從那時起，他開始讀《財星》（*Fortune*）雜誌，並向《財星》雜誌索取財星五百大公司的年報，並開始建立他的投資資料庫。他在十八、十九歲的時候就自學放空，高中畢業就有價值數千美元的股票投資組合。

大學時，他主修金融，並開始利用保證金來交易大宗商品。大學畢業後的暑假，他到紐約證券交易所擔任交易員，剛好見證金融市場的大事。那年是一九七一年，美國總統理查・尼克森（Richard Nixon）宣布美元與黃金正式脫鉤，國際金本位制度正式終結。美國總統宣布的時候，還保證美元不會因此貶值，但實際情況並非如此。這讓他學會不要相信決策者的保證，他發現如果決策者越強力保證，貶值的可能性就越大。

不過達利歐預期股市會因此下跌，結果卻錯得一塌糊塗。這又引起他的好奇心，他想弄清楚整件事的因果關係，因此利用暑假剩餘的時間研究過往貨幣貶值對股市的影響。他發現之前也出現過美元與黃金脫鉤，導致美元貶值、股市飆升的情況，因此他學到符合邏輯的因果關係很可能重複發生。

暑假結束後，他進入哈佛商學院就讀，畢業之後曾短暫在兩家華爾街公司工作，一九七五年在紐約的公寓，創辦了橋水公司。成立初期並沒有幫客戶操盤，他主要把時間花在追蹤市場脈動，並以企業客戶的角度思考如何應對市場風險，提供解決方案。

他一開始關注牲畜、肉類、穀物和油籽市場。在《原則》中，達利歐提到自己建立市場模型的方法，他會先想像商品從生產到銷售的整個過程，找出背後的關係。他會思考每個主要產區的種植面積和正常產量；將作物生長季節不同時段的降雨量轉換成產量估算值；按重量組別、飼養地和體重增加率來計畫收穫數量、運輸成本和牲畜存欄量；以及計畫淨肉率、零售商利潤率、肉類消費者的喜好與每個季節的屠宰量，藉此建立模型。

他還把上述的模型轉換成電腦程式，他提到「把複雜的系統想像成一台機器，找出內部的因果關係，寫成可處理的原則，並將其輸入電腦，這樣電腦就可以『幫我做決定』，一切就有了標準的作法」。

推動麥克雞塊上市，就是橋水公司早期的成功經驗。當時橋水的客戶有牛肉買家麥當勞，以及全美最大的雞肉生產商萊恩加工公司（Lane Processing）。麥當勞雖然已開發出麥克雞塊這項產品，卻擔心雞肉價格上漲會擠壓利潤，而萊恩等雞肉生產商也擔心生產成本上漲會擠壓獲利，因此不同意以固定價格出貨。為了解決兩方考量的問題，達利歐建議萊恩加工公司可以用玉米和大豆期貨的組合來鎖定成本，以便向麥當勞報出固定價格，因此順利讓麥當勞推出麥克雞塊。

瑞・達利歐大事紀

年分	歲　事件
1949	0／出生於紐約
1971	22／就讀哈佛商學院
1975	26／於公寓成立橋水
1982	33／錯誤壓注黃金及短期國債避險，賠上鉅款，員工全離開，橋水差點倒閉
1983	34／拿到麥當勞訂單，促成麥克雞塊推出，橋水復活
1988	39／發現「投資聖杯」，建立多元投資組合
1991	42／創立「純阿爾法」基金
1996	47／開創全天候投資組合
2005	56／橋水基金成為全球最大的避險基金
2007	58／準確預測金融海嘯
2010	61／準確預測歐債危機；網路公開橋水原則，獲三百萬次下載
2011	62／宣布卸任執行長，只擔任投資長
2012	63／入選《時代》百大人物
2013	64／成為全球最大避險基金，擊敗索羅斯
2016	67／回鍋執行長
2017	68／再次卸任執行長
2020	71／轉任投資長；《彭博商業周刊》指其為全世界第79位有錢人
2021	72／卸任董事長
2022	73／10月4日宣布退休，正式交出橋水的經營權，把多數股權的控制權轉讓給董事會
2023	74／橋水宣布凱倫・卡尼歐坦姆爾（Karen Karniol-Tambour）正式升任共同投資長，也是橋水自1975年創立以來首位女性投資長

從人生的谷底學習，歸納出原則

橋水一開始的發展很順利，達利歐不但事業有成，他的兩個小孩先後出生，可說是家庭、事業美滿。但到了一九八二年，卻出現第一次危機。

時間要倒回一九八一年，達利歐發現美國的銀行放貸給新興國家的金額遠高過銀行資本，他認為新興國家可能沒有能力還款，導致美國的銀行無法回收資金，進而引發經濟危機，因此他在公司出的報告寫下：「下一個經濟蕭條已經顯現。」

隔年，墨西哥債務出現違約，達利歐的預言果然兌現，媒體蜂擁而至，他志得意滿接受採訪，並加碼指出，聯準會救市將有七五％的機率功虧一簣，他還進一步放空股市；孰料他講完沒多久，聯準會量化寬鬆（QE）政策奏效，美國經濟復甦，股市大漲，出現長達十八年的榮景。

「我在這段時間的經歷，就像頭被球棒一直痛打一樣。」達利歐形容，他丟臉丟到全國，而且花了八年建立起來的事業毀於一旦。因為付不出薪水，整間橋水員工走光，只剩下達利歐一個人。家裡有兩個孩子要養，他不得不把車賣掉，向當爵士樂手的爸爸伸手借錢，一度窮到連買一張去拜訪客戶的機票都沒有。

在《原則》中，達利歐回想這次經歷，他認為這次的失敗是他經歷過最好的事情之一，「因為我學會用謙卑來平衡我過於躁進的個性。我學會了一種對錯誤的恐懼，它使我的思維從『我是對的』轉向『我怎麼知道自己是對的』」。在達利歐的人生中，經常會看到他從這樣的錯誤中學習，並歸納出不犯錯的原則，進而在未來創造更大的成功。

橋水復活

雖然遭遇嚴重的挫敗，但是達利歐並沒有停止進行市場研究。早從一九七〇年代後期開始，達利歐就開始發行《市場觀察》（*Daily Observations*），透過電報發送給客戶。隨著時間經過，有越來越多人閱讀這份報告，口碑效應下，這份刊物到一九八〇年代初期逐漸成為全球企業主管、政策決策者、中央銀行官員必讀的刊物，像是奇異公司（ＧＥ）、世界銀行（ＷＢ）、盧米斯賽勒斯資產管理公司（Loomis Sayles）、威靈頓基金公司（Wellington Fund）等，全都是他的客戶。橋水也開始提供諮詢服務，並協助公司管理風險。

到了一九八〇年代中期，他開始思考跨足投資顧問事業。因為他發現橋水提供給客戶利率和貨幣市場的建議都很好，就連投資顧問業者都因此賺錢，另外，他們也成功管理自己公司的利率與貨幣風險。因此儘管沒有管理客戶帳戶的經驗，還是成功說服世界銀行的退休基金給他們管理五百萬美元的美國債券帳戶。

這可以說是眾人所知橋水基金的起點。橋水在這個帳戶的操作很簡單，就是利用槓桿操作，當系統預測利率下跌時，改持有二十年期公債；利率上升時，則賣公債換現金。因為績效不錯，美孚石油（Mobil，一九九九與埃克森石油〔Exxon〕合併為埃克森美孚石油〔Exxon

Mobil〕）、勝家公司（Singer）等大型機構投資人也找橋水管理資金。

發現投資聖杯

到了一九九〇年代，隨著電腦的功能逐漸強大，越來越多人用電腦來協助決策，控制風險。達利歐也不例外，他說，不論他對一筆投資多麼有自信，都會犯錯，但如果有可能分散投資、降低風險的方法，卻不會減少報酬，就會成為殺手級的產品。

這時，達利歐蒐集的資料庫終於派上用場。他請同事做圖表，顯示每增加相關性很低的資產到投資組合裡，績效的波動會減少多少，報酬又會增加多少，藉此找出最適當的投資組合，既可以減少風險，又增加績效。

「我們發現『投資的聖杯』了！」達利歐說，這就像物理學家阿爾伯特・愛因斯坦（Albert Einstein）發現「E=mc2」這條著名公式，他也發現這個隱藏在投資界的規律。「我看到有十五至二十個表現良好，又彼此不相關的收益流，可以在不降低預期收益的情況下大幅降低風險。」

這就是純阿爾法避險基金的操盤根據。橋水總共觀察大約一千項不相關的收益流，並從中挑出相關性低的收益流交易。他們涉足流動性夠大的市場並當成標的，還會為各種交易類別編制基本的交易規則，且進行測試。長期歸納出投資這些標的的原則，並預期會產生的收益。

達利歐也發現，這套方法可以適用於各種產業的經營，「無論你擁有一家飯店、經營一家科技公司，還是做其他任何事，你的企業都會產生收益。同時擁有幾個相關性低的收益來源要比只有一個來得好，而且知道如何組合這些收益，要比單獨一個的綜效大」。

發現風險平價

到了一九九〇年代中期，達利歐為了要替家族設立信託基金，開始思考什麼資產配置可以讓財富傳承更多世代。他找出一套資產配置方式，藉由投資不同的資產類別，例如股票、債券、黃金、大宗商品等，來平衡投資組合的風險，這就是達利歐的「全天候投資組合」（All Weather Portfolio）策略。這個策略原本只服務達利歐家族，到了二〇〇三年開始提供給老客戶威瑞森（Verizon）退休基金，十多年後，管理的資產將近八百億美元。其他基金公司也跟著仿效推出相關的基金，並稱這種模式為「風險平價」策略。

到了二〇〇九年，橋水進一步推出新版的全天候投資組合策略，這是搭配橋水開發的「景氣蕭條測量儀」（depression gauge）進行資產操作。景氣蕭條測量儀會根據各種條件，判斷經濟呈現蕭條時的特徵，包括：利率低於特定水準、私人信用成長萎縮、股票市場下跌、信用利差擴大等。只要出現景氣可能蕭條的指標，就會只做「安全」市況的投資。

純阿爾法與全天候投資組合這兩個橋水的重要產品，吸引全球一流機構找它代為操盤，可以說是建立橋水王國最主要的轉折點。如今橋水基金已經為超過三百五十家機構提供服務，掌管全球超過一千五百億美元的資金，也是幫客戶賺到最多錢的避險基金之一。

投資哲學一：重視邏輯甚於一切

如果要歸納達利歐的投資哲學就是重視邏輯。達利歐說過：「我會把做每筆交易的邏輯寫下，」他將其投資理念公開，鼓勵人人吐槽，即使下屬亦可和其當面辯論，「我不在乎結論，我重視的是思考邏輯。」

他如何重視思考邏輯，可以從橋水的兩個產品看出來。

在投資理論中，通常會提到兩種類型的風險，一個是α（alpha）和β（beta）。α指的是特定投資標的的風險，而β則是整個市場固有的風險。在考慮投資標的時，都必須考量這兩種風險。想藉由承擔特定投資標的的風險來取得優異表現，就需要挑選投資標的的技巧，而希望承擔市場固有的風險來取得優異表現，就需要小心挑選參與的市場。

達利歐之所以會把旗艦基金取名為純阿爾法，就是因為這檔基金靠的是承擔α的風險而獲利，免受β風險的影響，也就是追求超額報酬，但不受市場表現影響。他發現大多數的避險基金把α和β攪和在一起，很多避險基金明明是靠承擔β風險賺錢，卻用管理α風險這種較貴的操盤方法來收費，結果這些基金還是會隨著市場的走勢而變化，完全沒有真正避開市場風險。

相對而言，全天候投資策略則是靠著承擔β風險而獲利。換言之，橋水是第一個讓客戶可以選擇承擔什麼風險的避險基金。

另外，達利歐投資時慣用「矩陣思考」，這也呈現出他是如何在乎思考邏輯。以全天候投資組合為例，這個策略採用2×2矩陣，考量「經濟成長率」（growth）與「通貨膨脹率」（inflation）兩個變數，將總體經濟環境分為成長加速（多頭市場）、成長減速（空頭市場）、通膨率提高（通膨）、通膨率下降（通縮）四種情況。當處於多頭市場時，就可以加碼股票；空頭市場時，則加碼債券；通膨時加碼大宗商品與黃金；通縮時則加碼債券。

舉例來說，如果成長減速、通膨率提高，達利歐就會增持黃金，減持股票。如果成長加速、通膨率降低，則是增持股票與債券，減持大宗商品與黃金。

投資哲學二：分散風險

達利歐視投資為科學，他說：「宇宙萬物皆有規律，經濟也是一樣。」因此他重視投資邏輯而非經營者素質，他的投資策略就和科學一樣，理論上是可被複製的。

他投資哲學的第二大特色，則是「分散風險」。他的每個投資組合至少有十五種資產，因為他認為這可將風險降低八成。他的「純粹阿爾發基金」投資標的遍及整個市場，每次進行三十至四十種資產交易。他自稱無法預知哪項單一資產會漲或跌，「所以我不會在單一標的上孤注一擲」。這源自他初出道時做多豬肉、連續多日無量下跌的慘痛經驗，「我不想惡夢重演」。

瑞・達利歐的「矩陣思考」

以全天候投資組合基金配置為例

達利歐的全天候投資組合策略，採用的是2×2矩陣思考，他思考「經濟成長率」與「通貨膨脹率」兩個變數，將矩陣分為成長加速（多頭市場）、成長減速（空頭市場）、通膨率提高（通膨）、通膨率下降（通縮）四種情況，並針對相應的投資標的做出配置。

其中，多頭市場要加碼股票、空頭市場則是加碼債券，通膨加碼大宗商品與黃金，通縮則是加碼債券。

市場預期	經濟成長率	通貨膨脹率
上升	股票	大宗商品與黃金
下降	債券	債券

達利歐曾接受湯尼・羅賓斯（Tony Robbins）採訪，當時他建議投資人可以使用以下的資產配置：

- 40%的美國長期公債
- 30%的標準普爾500指數
- 15%美國中期公債
- 7.5%的黃金
- 7.5%的大宗商品

達利歐認為，適度地分散投資可以降低風險，但報酬卻不會減少，現在投資人也可以利用低成本的ETF做出相同的配置。

達利歐稱其投資「九九％都是系統性的」，他買進或賣出某檔股票，不是單純看好或看衰該公司，而是針對不同狀況下整體投資的調整。這就是為何達利歐用電腦交易：預先設定各種條件，由電腦程式買進或賣出。一般人如果沒有跟達利歐一樣思考整體策略，只仿效他買賣單一資產是很難賺錢的。這也可以說明為何達利歐對所謂的「明牌」嗤之以鼻，「如果投資只想知道哪檔股票會漲或跌，你必輸無疑」。

管理哲學：極端透明、創意擇優

達利歐的管理和投資邏輯、方式如出一轍，他利用電腦蒐集、運算，把每種投資產品（或每位員工）的各項數據加以分析，然後得到一個最佳的解答。

如果走進橋水辦公室時，你會看到除了洗手間，每間會議室都是透明玻璃，沒有密室；抬頭往天花板看，每隔兩到三公尺，就有一架半圓形的黑色攝影機，記錄底下人們的一舉一動。

橋水的每一場會議都會錄音、錄影，同事間對彼此的批評都是公開的，甚至還會被剪成影片發給全公司。在橋水工作，沒有祕密。

這就是達利歐強調的極端透明（radical transparency），為了讓大家誠實發言，每個人、每件事都攤在陽光下，不需要隱藏。有人認為這是幸福企業，在公司裡可暢所欲言；但也有人認為這套根本是「邪教」，員工從內到外貢獻給公司，沒有隱私。

曾經批評橋水最兇的《紐約時報》曾爆料，先前橋水共同執行長艾琳・茉芮（Eileen Murray）因堅稱一封電子郵件是自己寫的，而非助理寫。橋水特別請當時公司的法律總顧問（後來擔任聯邦調查局局長）詹姆斯・科米（James Comey）負責所有調查，把盤問影片錄下後，傳給全公司看。連電子郵件到底是誰寫的這件小事，都可以驚天動地，查出誰在說謊，可見達利歐多麼要求誠實。

達利歐不怕失敗，不忌諱談論失敗，他要求員工跟他有一樣的標準。他規定，每位員工下班前要花十五到二十分鐘，把今天遇到的各種問題和失敗，寫成日記登錄，稱為問題日誌（issue log）。

如果事情做錯，但曾登錄在日誌上，就算失敗也能被接受；但沒有登錄，就被視為嚴重失職，可能得捲鋪蓋走路。要毫不扭捏地面對失敗，有些人就是辦不到。

另外，就像投資需要汰弱留強一樣，達利歐在管理上也抱持另一個信念：創意擇優。這是指讓組織內的所有員工，把內心的想法誠實以告，你可直言批評，可給任何人打分數，包括達利歐本人，所有想法和批評，都會被記錄下來。

他的想法很簡單：只有讓最聰明的頭腦，講出真心的想法，再藉由電腦及演算法的幫助，才能淬鍊出最精準的決策，打敗大盤。一位員工吉姆・哈斯克（Jim Haskel）曾寄信給達利歐，給他接近不及格的「D」，批評他在會議上，「完全沒有準備，否則你不會講話如此缺乏條理」。在橋水，你有罵老闆的權利。

別人對你的評分，經過電腦運算，形成個人獨特的評量，稱為「棒球卡」，達利歐本人就被形容是「外向、直覺、有創造力、有遠見」，但缺點是「缺乏條理和耐性」。

而在投票決策時，會根據每個人的特質，予以不同加權，最終的結果，就是公司的集體決策。達利歐自己就說，他從未做過違背公司集體意見的決策。

成為政府的顧問

橋水開發的電腦模型讓達利歐可以預知市場情況，不只幫助客戶避開風險，還讓國家決策者重視到他的意見。

就以二〇〇七至二〇〇八年發生的金融海嘯為例。在二〇〇七年三月，橋水開發的景氣蕭條測量儀就已經發現經濟出問題的前兆，因為償債成本已經超過預期的現金流，債務泡沫瀕臨破裂危機。加上利率接近零，達利歐判斷，央行可能無法像之前經濟衰退時期般，可以藉由寬鬆貨幣政策來扭轉趨勢。

因此他把自己對市場的觀察告訴美國財政部與白宮的官員。當時，所有外部跡象都顯示經濟一片榮景，因此大多數的人第一時間就反駁他的看法。不過隨著時間經過，市場情況惡化的事態就如達利歐預期般發展。當時美國財政部長提摩太・蓋特納（Timothy Geithner）開始意識到問題，找他談話。只是在那次談話的兩天後，貝爾斯登公司（Bear Stearns）就倒閉了，半年後，雷曼兄弟（Lehman Brothers）也破產，金融海嘯正式引爆。

橋水基金因為提前預知到風險來臨，預先做好準備，因此在金融海嘯期間的報酬率是八・七%，美國標普五百指數則是負三八・五%。美國政府也採取激進的行動，快速拯救美國銀行業，並降低利率，試圖控制危機不再惡化。

二〇一一年的歐債危機也是同樣的情況。達利歐在二〇一〇年初已經觀察到歐洲開始出現債務危機。因此他在接下來的一年半，先後與那時的西班牙經濟部長路易斯・德・金多斯（Luis de Guindos）、歐洲央行行長馬利歐・德拉吉（Mario Draghi）、德國財政部長沃爾夫岡・蕭伯樂（Wolfgang Schauble）會面，建議歐洲央行持續透過購買更多的債券來「印鈔票」，將錢注入市場，不然債務危機會越來越惡化。只是歐洲各國各有盤算，無法快速做出集體決定採取行動，讓歐債危機爆發。而橋水基金在二〇一一年則繳出二三%報酬率的佳績。

傳承不易，已兩度交棒

達利歐自承，他一直很低調，也不喜歡跟媒體打交道，但因為旗下純阿爾法基金在二〇一〇年創下超高報酬，引起外界關注，卻又看不清楚橋水的運作方式，他才決定在二〇一〇年年末，把橋水管理的原則全文上網，後來並編纂成書。

隔年，達利歐就卸下橋水執行長的職務，只擔任投資長；但五年後，內部發生管理危機，原本執行長格雷格・簡森（Greg Jensen）下台，曾體檢疑似罹患癌前病變，從死神手上逃過一次的達利歐，不得不回鍋重任執行長，直到二〇一七年卸任，二〇二二年正式交出經營權。

達利歐和早年創業家一般，把自己的性格和主張，烙印在公司的文化裡。在橋水的大廳，每張桌上放的就是他寫的《原則》，如果你不習慣看紙本書，旁邊還有平板電腦，打開仍是這本書。《原則》體現的是，每個錯誤都是一種學習，讓我們得以改進，最終邁向成功。而且應該把成功與失敗的經驗都記錄下來，藉此歸納出一套成功的原則。不論是在交易、管理，或是其他各種活動，都能透過這個方法讓自己有所改進，進而成功。

瑞・達利歐的投資心法

- 我認為成功的關鍵在於知道怎麼成長，並「正確的失敗」。「正確的失敗」的意思是，能夠從痛苦的失敗中學到教訓，從而避免直接因失敗而被淘汰出局的命運。

- 最好了解別人在其他時間和地方發生什麼事，如果你不這樣做，就不會知道這些事情是否會發生在你身上，如果事情發生了，就不知道該如何應付。

- 把複雜的系統想像成一部機器，找出內部的因果關係，寫成可以處理的原則，並將其輸入電腦，這樣電腦就可以「幫我做決定」，一切就有了標準的作法。

- 雖然賺錢很重要，但做有意義的工作和建議有意義的人際關係更重要。對我來說，有意義的工作就是一項可以全心投入的使命，而有意義的人際關係，就是那些我所關心和關心我的人。

- 我看到成功的唯一方法是：

  1. 找出那些最聰明但觀點不同的人，因為這樣我就能理解他們的推論。
  2. 知道什麼時候不該發表意見。
  3. 歸結出經久不變的普遍原則，對其測試，將其系統化。
  4. 平衡風險。讓自己在有限風險下可以得到最大利潤。

Chapter 7

威廉・歐尼爾

創造向百年飆股取經的模型，
篩選強勢股

William O'Neil

歐尼爾被視為美國當代股票交易商與創業界的傳奇人物。他為了研判市場趨勢，首創利用電腦化系統來分析歷史股價表現，進而發展出「CANSLIM」選股法則，對後來的股市研究方法影響深遠。而其所創辦的公司，不但是當今提供綜合性電腦化股市資訊的翹楚，也是全球超過六百位基金經理人最喜愛的投資顧問公司之一。

一九三三年，經濟大蕭條尾聲，歐尼爾出生於美國奧克拉荷馬市（Oklahoma），並在德州長大。隨著美國經濟逐步好轉，歐尼爾早年並沒有像其他前輩般，經歷特殊的成長際遇。

他半工半讀念完南方衛理會大學（Southern Methodist University）商學系，接著進入空軍服役，退役後一九五八年投身證券業，從此展開他長達五十年的操作生涯，而他一生至今，除了是個成功投資者，也是一名精明商人。

因一檔基金，從此改變選股觀念

一個人最重要的，是找到能讓自己熱情不減的事業，才有機會發揮潛能，金錢只是發揮潛能的附加報酬罷了。歐尼爾在一九五八年服務於海登史東公司（Hayden, Stone & Comany），雖然做的是股票經紀業務，但他發現真正讓自己感興趣的，並不是花大部分時間去開發業務，而是埋首研究。

一開始，歐尼爾也像一般投資人一樣，從訂閱股市資訊的專業刊物踏入股市，到處打聽明牌，花時間閱讀股票書籍，或是買進刊物推薦的低價股或低本益比股票，但是他發現這些刊物介紹的投資方式並不十分有效，也無法確實降低風險。

當了一年營業員後，歐尼爾發現一檔崔佛斯基金（Dreyfus Fund），當時還是相當小型的基金，資金規模僅約一千五百萬美元，但在傑克・崔佛斯（Jack Dreyfus）操作下，其報酬率卻是其他競爭對手的兩倍。這激起了歐尼爾的好奇心，於是設法拿到該基金過去幾年的季報及相關歷史資料，研究崔佛斯的投資方法，例如買進什麼股票、在什麼時間點買進賣出等。

歐尼爾發現，崔佛斯基金在一九五七到一九五九年期間買進約一百檔股票，這一百檔的股價走勢相當類似，都是在股價回檔，打底形態完成，又創下波段新高時才買進；而且買的股票都有相同特徵。根據這些特徵篩選出類似的股票，就可以預期它們未來的表現也會跟之前選的股票類似。每次選股都有相同的邏輯，在操作上就有一致性，也更進退有據。

這跟一般人想要買低價或低本益比的想法完全背道而馳，他從這項研究中獲得一項重大發現：要購買上漲潛力雄厚的股票，不一定要選擇價格已跌近谷底的股票。有時，創新高價的股票前景可能更是海闊天空。

瞄準強勢股，歸納基本面共同點

這些研究改變了歐尼爾過去的想法，他繼續研究股票和前輩的投資理念，進而發展出一套自己的策略。一方面，他蒐集那幾年報酬率前五十名的股票技術線圖，試圖找出這些領先股的共同特徵，例如基本面、本益比、盈餘成長，還設計出一套觀察個股表現的模式。他用這套方法選股，結果三分之二的機會都能獲利；但他也承認，「在我選中的股票中，每十檔只有一到兩檔的表現會特別突出」。

另外一方面，他也研究那些在投資界績效紀錄頂尖的前輩，了解他們的投資理念和原則、方法。例如，在一九二〇年到一九六〇年賺了不少錢的股票經紀人兼投資銀行家傑洛德・羅布（Gerald Loeb），他於一九三五年出版的《投資人的生存戰役》（*The Battle for Investment Survival*）是早期影響歐尼爾最深的一本書，尤其關於停損的觀念讓他非常受用，他認為這是市場上最好的一本理財書。

另外，《傑西・李佛摩股市操盤術》（*How To Trade In Stocks*）也讓歐尼爾學到，交易目標在看錯時盡量少賠，看對時盡量多賺；精通經濟發展的投資鬼才伯納德、巴魯克（Bernard Baruch，投資商及政治家）、箱型理論發明人尼可拉斯・達華斯（Nicolas Darvas，原為芭蕾舞者，靠自學在股市成功）、連將電燈商業化的湯瑪斯・阿爾瓦・愛迪生（Thomas Alva Edison）都是他學習對象之一。

以自創理論，打出三場成功戰役

深入研究前輩和股票後，歐尼爾也研究自己虧錢或錯失機會的情況並深切反省，然後修正並驗證，以避免再發生同樣錯誤。檢討是很必要的，少一次犯錯就是多一次賺錢機會。他的研究也讓自己成為公司裡的超級營業員，他因此更有自信。

威廉・歐尼爾大事紀

年分	歲	事件
1933	0	出生於奧克拉荷馬市
1958	25	擔任海登史東證券營業員
1960	27	錄取哈佛大學第一屆管理發展課程研究班；第一次使用CANSLIM理論雛形買進股票
1963	30	賺進20萬美元，創下史上最年輕買下紐約證交所交易席位的紀錄；同年亦成立威廉・歐尼爾公司，是美國第一個每日更新的股票資料庫
1965	32	設立了一支互惠基金，並在1967年實現115%報酬
1974	41	創建歐尼爾數據（O'Neil Data Solutions），現名為歐尼爾數據系統公司（O'Neil Digital Systems, Inc）
1976	43	買進「買就省」（Pic'N Save），持有7年半，獲利20倍
1978	45	刊登全版廣告於《華爾街日報》，宣稱多頭市場即將來臨
1982	49	買進「普萊斯」（Price Company），持有3年半，獲利10倍。1978年至1991年，是歐尼爾公司獲利最豐厚時期之一
1984	51	創辦《投資人日報》，1991年改名為《投資人商務日報》
1988	55	出版第一本著作《笑傲股市》，成為當年暢銷書，至今全球銷量已超過400萬冊
1998	65	10月買進美國線上與嘉信理財，最終分別獲利5倍與3倍
2000	67	被TJFR集團和萬事達卡國際組織列入世紀百大新創事業傑出人士之一
2003	70	出版第二本著作《笑傲股市part2》（*The Successful Investor*）
2004	71	出版第三本著作《歐尼爾投資的24堂課》（*24 Essential Lessons for Investment Success*）；第37期《股票交易者年鑑》（*Stock Trader's Almanac*）讚賞歐尼爾的貢獻
2005	72	為感謝歐尼爾快速推動美國經濟發展與社會貢獻，榮獲洛杉磯林肯分會（the Lincoln Club of Los Angeles）頒贈林肯精神獎項（Spirit of Lincoln Award）
2012	79	成立威廉・歐尼爾基金會，希望達成慈善、自由、教育目的
2016	83	《洛杉磯商業雜誌》（*The Los Angeles Business Journal*）選為洛杉磯最有影響力人士之一
2023	90	過世

透過持續累積操作經驗及測試，歐尼爾漸漸將心得形塑成一套投資信念，由於他一直對當時剛開始發展的電腦系統非常熱中，後來也利用電腦發展出一套選股策略及資料庫系統，這套體系到一九八四年逐漸完備，即是著名的「CANSLIM選股投資法則」。他以這個方法進行投資，打出三場成功投資戰役。

第一場戰役在一九六一年年底：在讀過《傑西・李佛摩股市操盤術》後，歐尼爾發現當時市況跟一九〇七年有相似之處，對多頭似乎不利，於是他選擇在一九六二年初持有百分之百的現金，並找機會放空弱勢股票科維提（Korvette），因此躲過一九六二年初的大跌，又賺進可觀利潤。

第二場戰役則是在一九六二年十月古巴飛彈危機後，道瓊工業指數上揚，歐尼爾發現了脫離市場底部的首批脫韁野馬，以每股五十八美元買進克萊斯勒（Chrysler），最終獲利二十倍以上。

到了一九六三年六月，他以每股一百美元買進墨合（Syntex），八個星期內就漲了四〇%，這是他的第三個成功投資。

光是一九六二年與一九六三年，歐尼爾在克萊斯勒、墨合等兩、三檔股票投入五千美元，抱了六個月賣出，市值已增加到二十萬美元，報酬率高達四十倍！

一九六三年歐尼爾才三十歲，已經累積不少財富，於是買下紐約證交所的交易席位，創下最年輕擁有紐約證交所交易席位的紀錄，並於同年在加州成立威廉・歐尼爾公司（William

O'Neil + Company），創立美國第一個每日更新的股票資料庫。此公司現名為威廉・歐尼爾顧問公司（William O'Neil Securities），已是美國最受推崇的證券研究公司之一，服務超過四百家大型機構客戶。

創辦投資報，媲美《華爾街日報》

一九八四年四月他創辦《投資人日報》（*Investor's Daily*），當時訂戶僅一萬五千人，成為唯一可和《華爾街日報》媲美的投資日報。一九九一年更名為《投資人商務日報》（*Investor's Business Daily*），二〇一六年調整為每週印製，且持續每天在網路上更新。後慢慢發展為金融數位資訊平台，二〇二一年數位訂閱用戶已達十萬，今年五月被新聞集團（News Corp）收購。

歐尼爾最大的成就，除了創辦報紙外，就是將他的CANSLIM法則收錄在一九八八年出版的《笑傲股市》（*How to Make Money in Stocks*）一書，初版上市即成為當年全美最暢銷投資類書籍，並在一九九〇年及一九九四、二〇〇九年修訂再版，至今全球銷售已超過四百萬本以上。

綜觀歐尼爾的投資哲學，可以看到許多投資大師一再告誡：做投資要先「做功課」。而歐尼爾在「做功課」這門功夫的獨到之處，就在於能做出實戰「績效」，並且形成理論，公開分享給一般大眾，這套方法就是CANSLIM法則。美國散戶協會（The American Association of Individual Investors，簡稱ＡＡＩＩ）研究顯示，從一九九八年到二〇〇九年，以CANSLIM選出來的投資組合，十二年漲幅達二八四一％，而同期S&P500指數漲幅僅三四・九％，報酬率整整高出八十倍！

金字塔操作法，漲勢中續加碼

歐尼爾研究過去四十年來八次市場循環，並找出表現最優異的股票在大漲前的共同特徵，不僅涵蓋基本面和技術面，也考量到歷史趨勢和股票形態，且透過一次次實戰，驗證並修正這套理論，CANSLIM法則的雛形因此慢慢產生。他的起始資金僅五千美元，也證明就算資金有限，只要有正確的觀念與方法，假以時日，小錢也能致富。

理論的大突破之一，是他研讀《傑西・李佛摩股市操盤術》，學到「錯誤時要盡量少賠，對的時候要盡量多賺」的觀念。李佛摩採取的多賺方法，正是金字塔操作策略，也就是在股票持續上漲的過程中，找機會再加碼，讓獲利不斷放大。發現這個祕密後，歐尼爾的操作獲利從此直線上升。

一九六一年上半年非常美好，歐尼爾獲利頗豐，但同年夏天，市場開始下滑，之前的斬獲都吐了回去，於是他開始檢討，再度發現大盤走勢會影響個股，而領先股作頭的走勢，可能是預先暗示大盤即將回檔的訊號之一，於是他終於把CANSLIM的「Ｍ」補足，成為他畢生研究的精華所在。

《投資人的生存戰役》也是歐尼爾的寶典之一，作者是相當成功的投資人，極力主張應該忍痛認賠停損；這也是歐尼爾奉行的第一守則。他認為一定要設法保護投資本金，尤其是融資買進時，認賠停損更是至關緊要。這背後其實隱含相當重要的概念，卻是投資人最難學會的：承認自己不可能每次都看對、做對。停損讓我們感到痛苦，因金錢損失外，更證明自己之前的研究是錯的；但糟糕的是，在你停損、認賠殺出後，股價總是會巧合的反轉向上，這時你會開始懷疑自己。

歐尼爾舉例，不妨想想你去年是否買了住家的火險。如果住家房子還在，你會認為自己白白付了保險費而生氣嗎？那今年你會拒絕續保嗎？你當初想買火險，是為了保護自己的住家財產，不因意外而損失殆盡，這就是停損的重要概念。保護你的資金，留得青山在，不怕沒柴燒。

CANSLIM每個字母背後都代表著，自一九五三年以來美國股票表現最佳的六百家以上上市公司的共同特質。

投資哲學一：挑選當季每股盈餘創新高的標的

選擇當季每股盈餘（Current quarterly earnings per share, C）與每股營收很高的股票，這是歐尼爾選股的第一個條件。因為他發現，優異的股票飆漲前，在過去一季或兩季都已出現亮麗的獲利，而且當季每股盈餘通常要比前一年同期的水準增加二〇%以上。然而，有許多投資人，甚至基金經理人，都會買一些當季每股盈餘與前一年同期水準相差無幾的股票，但這類股票根本欠缺上漲動力。因此，選股第一條基本原則，就是要**選擇當季每股盈餘比前一年同期高出至少二〇到五〇%的股票**。

這是漲幅最大股票最重要的基本面特質。一九五三年以來，表現最好的六百檔股票中，七五%在大漲前一季的獲利成長率高於七〇%，營業額也會顯示一家公司的產品或服務需求熱絡，證明獲利能力是股票表現好壞主要關鍵之一。

投資哲學二：選擇年度每股盈餘增加的股票

不管哪家企業，偶爾都會出現某季獲利表現特別優異的情況，但光這樣不夠，因為我們不能確定此結果是否為曇花一現。要確認選定的個股是否為優質公司，獲利成長性必須持續累積。研究發現，這些表現優異的股票在發動前三年中，平均每股盈餘成長率為二四%。所以選股第二條基本原則是，**選擇年度每股盈餘高於前一年水準的股票（Annual earning increases, A），才能找出每股獲利真正增長的潛力股**。而不必預估當年及次年的每股獲利成長。因為預估是主觀的，可能是錯誤的。

多數投資人及分析師認為低本益比表示股票價值被低估，應該買進。但根據歐尼爾的分析顯示，自從一八八〇年以來的最強飆股，事實上剛好跟多數投資人想法相反，**本益比根本不是影響股價波動的最重要因素**，因它是末端效應。亦即，當年度每股盈餘上升時，大型機構法人願持續買入，造成股價不斷攀升，這導致本益比看起來偏高。所以邏輯上，如果一檔股票的本益比偏低一定有原因。你不可能以雪弗龍汽車的價格，買到一輛賓士車。每樣事物的價格，大致都取決於交易當時依供需法則所決定的價值，而股票就像專業的運動選手，頂尖選手身價總是遠遠超出其他一般選手。

投資哲學三：選取有創新產品、新管理階層、新高價的標的物

這裡的新產品、新管理階層、新高價（New products, New management, New highs, N）代表的是創新，也就是有新服務、新產業趨勢，以及新經營策略等。**一檔股票要上漲，一定需要催化劑或發生新鮮事才行**。這可能是某種能快速出售，而且促使盈餘成長率增加的重要新產品或服務，或者是引進新血、新創意、導入革命性技術，抑或至少是新管理等。

美國產業史上，超過九五%的飆股都具備一些基本面的特色條件。這類股票都搭上經濟成長列車，鐵路、電力、電話、照相機、電報、電燈、汽車、飛機、電視、電腦、網路、手機等。每個階段總有劃時代的產品，促使人類邁向更文明的生活；而這些發明與創新，提升人類生活水準，更締造千萬個工作機會，相關公司股價也得以有所表現。但這是「質化」分析，因此較不易分辨。

第二個考量點在於選擇股價上漲力道較強，尤其是經歷一段期間修正、整理後再創新高的股票。研究指出，這些飆漲股初期，都還具備稱之為「大矛盾」的情形。一般人不太願意

買進股價創新高的股票，喜歡在股票看起來「物美價廉」的時候買進，但是在歐尼爾的看法裡，「低買、高賣」這句格言完全錯誤，股市裡最令人難以相信的大矛盾是：多數人認為看來漲得過高的股票通常還會繼續上場，而跌到接近谷底的股票，多半還會持續下滑。

投資哲學四：揀選籌碼供不應求的公司

第四個條件看的是籌碼的供給與需求（Supply and Demand, S），這是指盡可能選擇流通在外股數相對較少的股票。日常生活中，幾乎每件事物的價格都取決於市場供需力量。股市也一樣，在表現優異的股票中，有九九%的股票在開始漲升前，流通在外的股數都偏低。有許多機構投資人喜歡流通在外股數較多的股票，這種策略反而會犧牲一些上漲的潛力股。

如果一家企業流通在外的股票有五十億股，那麼一定要有非常大的需求才能推動股價往上，反之則容易被市場炒作，同時股價波動激烈，傾向於暴漲暴跌，但這可透過一些方法來降低風險。

股本大的公司，股價不易表現。除了供需問題之外，或許還有另一個因素，就是企業本身太老、太大了。發行過多的股票，當公司賺得與過去相同的盈餘時，就代表公司的每股盈餘將被稀釋；公司太大，效率也會降低，不易因應時代變遷，這也造成投資人不再認同，以至於股價不高的結果之一。

但是，大型股還是有優勢，包括流動性較高。對一些大型共同基金而言，小型股使它們卻步，因為這關係到風險，一旦小型股表現不如預期，持有過多的小型股部位將會造成此種基金陷入泥淖。只是，近年來隨著基金市場的規模日趨擴大，大型股的漲勢也漸漸跟得上小型股。

投資哲學五：選取強勢股或落後補漲股

一般人喜歡買進他們感覺不錯，或者是覺得便宜、安心的股票，但是歐尼爾發現這種做法八成都是錯誤的。**在多頭市場要挑選活力十足、創新高價的強勢股或落後補漲股（Leader or Laggard, L），才易上漲，而不是挑選相對大盤弱勢的股票**。根據調查，在一九五三到一九八五年間，業績表現優異的五百種股票中，一年漲幅平均贏過其他八七%的股票；因此應選同類股中業績最好的兩、三檔股票，包括從每股盈餘、股東權益報酬率、營收成長、產品價格等方面考量。雖然行業龍頭股總是漲幅驚人，看上去價格高、風險大，但它也才是真正的強勢股，最有機會再創新高。最好的標的總是能領先大盤上漲，漲幅也通常大於大盤。

投資哲學六：尋找法人布局股

法人是股價走勢的主導力量，因此有法人布局的股票（Institutional Sponsorship, I）代表有市場機構投資者（法人）的認同。領先股的背後大都具有法人機構支撐，所以在選擇股票時，務必確定至少有一、兩家知名（且近期表現良好）的法人持有你考慮的標的，而且有越來越多機構投資人在關注、甚至開始建立部位，因為他們的活動占相關市場活動的七五％，他們的動向是值得投資人追蹤、注意的。

儘管法人機構的支持是必要的，但水能載舟，亦能覆舟。如果買進的法人太多，有時反倒對股票表現造成負面影響；因為假如投資的股票或股市發生重大變化，法人勢必會大量拋出持股，造成股價跌勢加重。這也是有些法人認養的熱門股在市況不好時，跌勢更重的主要原因之一。

投資哲學七：與大盤同方向操作

股市中，有四分之三的股票會跟隨股市每日的變動浮沉，即使能找出一群符合前六項選股模式的股票，但一旦看錯大盤，這些股票約有七、八成將隨市場趨勢沉落，慘賠出場。因此歐尼爾認為，投資時要注意市場走向（Market Direction, M），雖然這是理論的最後一點，但卻是最重要的關鍵。所謂順勢而為，就是要選擇和大勢走一致的股票。一個多頭市場中，最好留意大盤中期下跌時，成交量增加卻沒有繼續下跌的強勢股，買股票最重要的是追隨大盤趨勢，並控制風險。

投資要踩煞車，停損別超過七％

根據歐尼爾的測試，在任何時候，**股市中只有二％的股票符合CANSLIM的選股原則**。不

威廉・歐尼爾的「CANSLIM理論」

投資股市，要買就買最好的

CANSLIM，每個字母背後都代表著自1953年以來，美國股票表現最佳的600家以上上市公司的共同特質，由60%基本面與40%技術分析組成。

C — Current quarterly earnings per share

當季每股盈餘

挑當季每股季盈餘年增率至少逾20%的公司

A — Annual earning increases

年度每股盈餘

挑年盈餘年年成長至少逾25%的公司

N — New products , New management , New highs

新產品、新管理階層、新高價

挑有新產品、新管理階層，或股價創新高的公司

S — Supply and Demand

籌碼的供給與需求

挑流通在外股數少、股本小的公司

L — Leader or Laggard

強勢股或落後補漲股

挑年盈餘年年成長至少逾25%的公司

I — Institutional Sponsorship

法人機構青睞

挑至少有兩家績效表現良好的機構投資人買進其股票的公司

M — Market Direction

市場走向

判斷大盤走勢，逾75%公司股價表現與大盤一致

過，CANSLIM的目的就是方便選擇最具潛力的股票，要買就買最強的。同時，他也設計出一套停損點不得超過七%的風險管理策略，如此一來可迫使自己空出資金、更加冷靜、看清局勢，有多出來的資金能往正在上漲的強勢股移動。他說：「假如你不能當機立斷停損，那乾脆就不要踏入股市。汽車如果沒有煞車，你敢開嗎？」

CANSLIM的方法是由約六〇%的基本面分析與四〇%的技術分析所組成，在美國已經創造許多百萬美元富翁。美國散戶協會在二〇〇三年出版的一篇文章中，指出長期追蹤各類系統指標的績效，結果發現：成長類的操作系統中，長期獨占鼇頭的仍是歐尼爾的CANSLIM方法。

而最令人津津樂道的是，歐尼爾先後兩次在《華爾街日報》刊登全版廣告，昭告投資人股市的多頭行情即將來臨。事後證明，道瓊工業指數從一九八二年二月大約只有八百點左右，一路漲到一九八七年十月的兩千六百八十五點左右，大漲了三倍之多！

歐尼爾今年以九十歲高齡過世。他八十多歲時，仍擔任旗下五家公司董事長，並以演講方式宣揚CANSLIM的投資策略。這套可行的策略已經幫助許多投資人取得不凡的績效，是留給世人的重要遺產。

威廉・歐尼爾的投資心法

- 寫下每次買進、賣出理由。
- 在市價比買價低7或8%時出場。
- 操作時最好以金額為準，而不是根據股數。
- 技術線型最好選擇有打底整理過的帶柄咖啡杯形態，次要選擇為雙重底（雙重頂）。
- 你一定要設法保護投資資金。
- 投資力求簡單、基本、容易了解。
- 股市的致勝祕訣並不在於你每次都選中好股，而是在選錯股票時能將可能的虧損降到最低。

Chapter 8

彼得・林區

不預測大盤、逆勢操作的
生活選股大師

Peter Lynch

猶如基金界的明星，林區無疑是二十世紀投資人心目中最偉大的基金經理人。他曾被《紐約時報》譽為「二十世紀十大頂尖投資大師」，《時代》雜誌推崇他為「首屈一指的基金經理人」，《財星》雜誌稱他是「投資界的超級巨星」，還曾獲得全美十三所大學爭相頒贈榮譽博士學位給他，可謂集所有榮耀於一身。

這是一個從桿弟出身創下的明星傳奇。果嶺旁，十一歲的林區揹著和他身高差不多的高爾夫球袋，看著蘇利文先生推桿進洞，連忙跑向前去，拿了他遞過來的球桿，迅速跟著他走向下一個球洞。這個小球僮絕對想不到，眼前的蘇利文先生會是改變自己人生的重要人物。

年幼喪父，十一歲當桿弟半工半讀

林區一九四四年出生於美國東部的麻薩諸塞州牛頓市（Newton）。他的父親是波士頓學院的數學教授，勤學刻苦，後來離開教職，到一家公司擔任稽核師。他七歲時父親生病，十歲時父親死於癌症。原本是家庭主婦的母親不得不工作賺錢扶養幼子，不忍母親的辛勞，十歲的林區開始當送報生。但送報生的收入微薄，為了多賺些錢，林區想在週末再多打一份工，於是到一家高爾夫球俱樂部當桿弟。一九五五年，當時林區十一歲，開始了小球僮的打工生涯。拜桿弟的工作之賜，讓他從小就接觸到與一般人不同的經驗。除了桿弟的收入，客戶給的小費更不少，林區一個下午賺的錢，等於送報生大清早送報一星期的收入，他發現這真是份理想的工作，因此一做就是十年。

林區十八歲的時候，獲得專門提供給桿弟的獎學金三百美元，他利用這筆獎學金順利進入波士頓學院就讀，加上桿弟的收入，半工半讀完成大學學業，後來他繼續求學，進入華頓商學院攻讀碩士。

在高爾夫球俱樂部接觸的客戶，少不了知名的大公司總裁或執行長，抑或是政治圈的大人物，這無疑是通往政經權力中心的捷徑。俱樂部裡的上流富裕階層，所談的八九不離十都是股票經。在給俱樂部客戶揮球的建議時，也會聽到許多股市內線消息和產業資訊，重要的是當股市大漲時，林區得到的小費就更為可觀。林區從不諱言：「如果想學習股票，高爾夫球場是僅次於交易所大廳的第二個最佳地點。」

翻開美國歷史，一九五〇到一九六五年間是美國經濟和股市蓬勃發展期。一九四六年愛德華・詹森二世（Edward Johnson, II）在美國波士頓創辦富達投資公司（Fidelity Investments）；一九四七年富達發行第一支股票型基金，開啟共同基金理財新頁。而林區在球場上服務的客戶，就是當時富達的總裁喬治・蘇利文（D. George Sullivan）。

幫蘇利文先生揹了多年球袋，一九六六年，林區大四那年暑假，在蘇利文的建議下，進入富達工讀。當時有一百多人應徵此機會，林區成為三個幸運者之一。他開始學習拜訪公司、分析股票與撰寫報告。這些儲備證券分析師的經驗，奠定他日後研究分析股票扎實的功力。

富達是林區第一個應徵的公司，也是他這輩子唯一待過的公司。林區在富達公司工讀一直持續到當兵。一九六八年順利取得華頓商學院碩士資格後，林區進入陸軍服預備軍官役，擔任砲兵少尉，從德州調防韓國。隔年從韓國退伍後，他隨即和未婚妻卡洛琳（Carolyn）結婚，並在退伍後成為富達正式職員，擔任證券研究分析師，後來升上副主任，一九七四年被拔擢為主任。他的求學、求職、婚姻等人生之路，可以說是一路平坦。

趁越戰賣航空股，賺到第一桶金

回顧林區的投資歷史，他的投資經驗早在十九歲時就萌芽。一九六三年大二時，他在一堂課上讀到一篇文章，文中提到航空運輸業的前景看好，於是他認真地研究一家空運公司——飛虎航空（Flying Tiger Line），仔細分析後，他認為如果航空業的前景真的大好，飛虎航空股價就一定會上漲。

一九六五年越戰爆發，飛虎航空因為運載大量的軍隊和貨物進出太平洋地區，業務量大增使公司股價大漲，林區當初以一千兩百五十美元投資每股七美元的飛虎航空，兩年後股價漲到三十二・七五美元，投資報酬率將近四倍。後來林區分批出售飛虎股票，賺到他人生的第一桶金，並靠著這筆豐厚的獲利完成華頓商學院學業。

雖然投資成果並非林區當初預測的航空業榮景所致，但這個誤打誤撞美麗的錯誤，竟讓林區投資的初體驗如此完美，就像享受美好初戀滋味的人。股價漲五倍、被他形容為「五壘安打」的首戰成果，影響他往後投資股票的生涯至鉅。

彼得・林區大事紀

年份	歲／事件
1944	0／0出生於美國麻薩諸塞州牛頓市
1954	10／父親因病過世，全家生活陷入困境
1955	11／在高爾夫球俱樂部打工當桿弟
1962	18／獲得300美元獎學金，進入波士頓學院就讀金融系
1963	19／大二買進生平第一支股票——飛虎航空
1966	22／大四那年，暑假進入美國富達投資公司工讀，同年進入華頓商學院就讀碩士
1968	24／研究所畢業取得MBA學位；進入陸軍砲兵部隊當兵；與妻子卡洛琳結婚
1969	25／退伍後正式加入富達，擔任證券研究分析師，負責紡織、金屬等股票領域
1974	30／升任富達研究部主任
1977	33／接下富達麥哲倫基金經理人職務
1988	44／獲選晨星年度最佳基金經理人；獲得全美13所大學頒贈榮譽博士學位
1989	45／出版第一本著作《彼得林區：選股戰略》
1990	46／卸下麥哲倫基金經理人職務，宣布退休，轉而兼任富達研究顧問
1991	47／成立林區基金會，由妻子擔任董事長，林區負責會計與投資規畫
2006	62／榮獲《紐約時報》二十世紀十大頂尖投資大師
2007	63／擔任富達投資顧問公司副董事長
2022	78／4月買了再保險和投資管理控股公司FG Financial Group 5.8%股權，5月投入120萬美金買綜合醫療和脊椎按摩治療再生中心公司IMAC，都因不小心超過5%股權申報門檻規定，而導致消息曝光；第二天兩家公司股價大漲27%和36%
2023	79／4月CNBC訪談時，對沒跟上蘋果爆炸性成長的機會和買進輝達，感到後悔

但林區之後的投資並非一帆風順。在韓國當兵時，由於當時漢城還沒有交易所，對股市投資非常有興趣的林區，只能利用少數回美國的休假日買進同事推薦的熱門股，結果令他大失所望。例如，讓他記憶深刻的緬因糖業投資就讓他虧錢，股價跌到只剩六美分，只夠買六顆口香糖，最後公司甚至宣布倒閉，這個慘痛的教訓，深深刻在林區的心底。

從女兒的購物袋，發掘潛力股票

對林區來說，投資股票是一門藝術，而不是科學。林區大學時，就對藝術、歷史、心理學和政治科學等非常有興趣，也著重學習這些學科；不僅如此，他還修過形上學、知識學、宗教學，甚至古希臘學等。除非必修，否則他都不選和商業有關的數學、會計等基礎學科。直到他研究股票多年後回過頭來看，他發現學習歷史和哲學，比統計學更適合當成投入股市的準備。

因為在富達工讀時，林區便接受過和正規證券分析師一樣的訓練，所以後來在華頓商學院就讀研究所時，他懷疑研究所教授的股市理論，例如效率市場假說、隨機漫步理論等。然而，在他修過統計學、高等微積分和計量分析之後，他發現有些計量分析方法顯示不可能發生的狀況，卻出現在真實世界中。所以後來，他從不信任理論派和預言家所言；在理論與實務之間，他壓寶實務派，以務實、深入、扎實的調查研究方式來挑選真正的好公司。他偏好成長兼具價值型的股票，認為不論是哪個類股及產業，只要是好公司，價格合理就可以投資，而不需判斷市場的時機，並堅持「不靠市場預測、不迷信技術分析、不做期貨期權交易，不做空頭買賣」等「四不」原則。

林區和股神巴菲特一樣是奉行生活投資哲學的理財專家，從日常生活中挑出好股票即是林區奉行的選股策略之一。他認為只要隨時留意平常生活中吃的穿的用的日用品，就有可能發現好股票。他自己就經常在老婆、女兒的購物袋裡，或從女兒們逛街的零售店裡發掘出潛力股票、明星產業。

觀察細微的他，從雞尾酒會賓客的互動中，對應到股市漲跌的市況，觀察出市場人氣和大盤的關係，提出膾炙人口的「雞尾酒理論」；但著重選股的他坦言，絕不會依此理論來投資股票。

一九七七年五月一日林區正式接掌麥哲倫基金（Magellan Fund），此後管理麥哲倫基金長達十三年。基金規模從林區接任時的兩千萬美元，大幅成長到一百四十億美元，成長七百倍，而投資的股票數量則從原本的四十檔，大增到上千檔。

操盤基金十三年，年均報酬近三成

麥哲倫基金幾乎和林區畫上等號，在林區奠下成功基礎後，規模不斷擴大，成為富達的旗艦基金，投資人數超過一百萬，總資產一度高達一千億美元，被譽為基金界的「航空母艦」。最重要的是，林區的投資績效幾乎連年成長，年平均報酬率高達二九％。在林區掌舵麥哲倫基金十三年中，有十一年績效打敗標普五百指數。一九八七年五月基金規模突破百億美元，即使是當年十月十九日黑色星期一股市崩盤時，手上持股滿檔，基金規模一週縮水三十八億美元，但到年底結算仍維持一％正報酬，操盤功力深厚，確立他的基金天王地位。

然而一九九〇年五月，林區在人生如日中天之際，毅然辭去麥哲倫基金經理人職務，摘下人人稱羨的光環，告別基金投資的舞台。急流勇退，種因於一九八九年，在林區四十六歲的生日晚會上，他忽然想到父親就在同個歲數去世。幾乎是工作狂的他，每週工作高達八十小時，讓他和家人相處的時間太少，因而多次錯過三個女兒最重要的成長階段，他記得住千檔股票代碼，卻忘記她們的生日。

原因之二是，一九八七年的美國黑色星期一。當年股市重挫前一週的週四下班後，林區和太太卡洛琳飛到愛爾蘭度假，週五剛飛抵，道瓊指數就大跌一百零八點，週一狂瀉五百零八點，麥哲倫基金光這天資產就跌掉一八％，約二十億美元。

在週二回到辦公室前，他不斷和辦公室同事持續挑出股票賣出，籌備現金，以應付投資人贖回。其實，林區才剛到愛爾蘭就想趕回辦公室，可想而知，那幾天他根本記不得沿途看到了什麼美景、吃了什麼美味大餐，高爾夫球也打得糟透了，他的心裡只惦記著要確保一百萬名投資人的權益。

經歷那段時間的市場大幅調整，林區因日夜操勞而感到筋疲力盡，開始萌生退休的念頭。

決定離開鎂光燈之後，他選擇做快樂的散戶投資人，為自己設立的幾千萬美元的林區基金會操盤，和妻子從事慈善事業，徹底改變生活方式，重拾和家人相聚的美好時光。根據《波士頓雜誌》（*Boston Magazine*）二〇〇六年三月的文章估計，他的身價仍有三億五千兩百萬美元。

很多人經常把投資虧損歸咎於先天不足，認為投資成功者是天生的投資專家，但林區在著作中明白指出，股票的漲跌比一般人想像得簡單多，投資選股沒有家傳祕訣。雖然林區的父親是數學教授，但他認為在股票市場中所需的數學，在小學四年級就學會了。因為他相信，**一個投資人的成功與否和智商沒有太大關係，投資的成功與失敗的一線之隔，就是自我約束的能力**。

與今天投資人所能獲得的投資知識相較，林區的實務操作經驗如今看來似乎沒有太特別之處，但也正是因為他從生活出發的選股哲學與實踐驗證，才能變成今天的「經典」與「常識」。而林區甚至坦白指出，他是以業餘投資者散戶的方式來思考選股的策略。

投資哲學一：投資個人最了解的東西

林區可說是生活投資家，因為他總是在生活周遭發掘值得投資的明星。

一九七七年剛接任麥哲倫基金不久，他發現妻子非常熱愛漢斯（Hanes）公司製造生產的蕾格絲（L'eggs）絲襪，過去絲襪多在百貨公司販售，而漢斯公司發現一般婦女平均六週才會上一次百貨公司，每週卻有兩次機會去逛超市或雜貨店，也就是說，把絲襪擺在超市、雜貨店結帳櫃檯旁的架上，購買的機率是百貨公司的十二倍，蕾格絲也因而成為絲襪暢銷品牌。

這使得林區開始研究這家公司，但諷刺的是，林區在大四工讀時就開始研究紡織業，卻都沒發現這家公司的投資潛力。結果，拜太太之賜，林區投資的漢斯公司股票漲了六倍，算是他投資初期的成功之作。

其他從生活中得來的投資靈感，包括：出差時吃到好吃的墨西哥捲餅、朋友都到玩具反斗城（Toys"R"Us）買玩具、親戚朋友都開富豪（Volvo）汽車和喜歡吃的甜甜圈，或是你喜歡穿的衣服或鞋子。只要在日常生活中多留意，有些你熟悉的、喜愛的、了解的東西或產業，都可成為很好的投資標的。

例如，一九九二年耶誕節前夕，林區帶著女兒上購物中心，發現女兒們都很喜愛美體小鋪（Body Shop）、店內人潮洶湧。他研究後發現，此公司的美妝事業版圖廣布全球且成長快速，於是回頭追蹤歷史投資名單，才發現自己早在一九八九年就買過這支股票，此時「錢」景更加看好，又加碼投資。這些都是林區從生活中得到的投資機會，讓他更相信：**逛街和吃東西也是一種基本分析的投資策略**。「投資你個人最了解的東西吧！」他說。

投資哲學二：草根調查，實地拜訪企業

很多人都有購屋賺錢，做股票卻賠錢的經驗。因為買房子得花幾個月找房子，從選擇

區域和地段、評估周遭環境，到檢查屋況、建材等，甚至連買一千元的烤麵包機都會貨比三家；但是挑選股票時，卻只花幾分鐘，或者只聽別人說起哪支股票明牌，就倉卒買進。

而林區即使是看或聽到某家公司或產品，也一定會先研究，親身體驗、實地調查。

如前所述，他發現太太上超市的購物袋裡有蕾格絲絲襪，所以實地上門到超市看絲襪擺放區域和客戶購買的情況，再研究生產的公司。此外，當朋友告訴他有家賣玩具的商店很受大人、小孩歡迎時，他也會實際去店裡觀察對方怎麼賣玩具，並詢問顧客的反應。在買進拉昆特汽車飯店（La Quinta Motor Inns）股票前，他還特地去住了三天。親自試駕克萊斯勒幾款新車，以確認它是否具有轉機潛力。以上種種描述就是他膾炙人口的「草根調查」選股方式。

林區在做研究分析或基金經理人時，一定會親自拜訪公司，尤其是總公司，特別去感受當地「氣氛」。林區認為，公司營運情況和財務數字可用電話問出，但親自到總部去才能體驗企業「文化」。

例如，當他去最喜歡吃的墨西哥餐廳塔可貝爾（Taco Bell）總部時，發現這家公司總部位在一條小巷子裡，而且公司高階主管都塞在狹小的辦公室裡，顯示此公司不會為了妝點門面而浪費金錢。

又像他投資的活力男孩連鎖修車廠（Pep Boys），總公司位在連計程車司機都不願去的偏僻地方。他只是去修車廠看看，就差一點帶著四個輪胎上飛機。這些也都是要眼見為憑、親身體驗才能感受到企業的真實情況。

投資哲學三：不預測大盤，反市場操作

投資人總喜歡預測大盤動向，例如常會問林區：「現在是多頭，還是空頭？」林區則會調侃地回答，至今他仍不曾找到可靠的水晶球告訴自己股市會漲多少，或會不會漲。他曾好幾次在股市報價系統前、眼睜睜看著股市慘跌，如果真能料「空」機先，就能在一九八七年夏天預先提出股市即將下跌一千點的警告。當時，並沒有人打電話告訴他，十月時股市將會大崩盤。

如果連林區都無法預測經濟和股市走勢，散戶投資人會做得更好嗎？他說：「不必具備預測股價行情的能力，也能在股市中賺到錢。」否則他自己也不應該賺到錢。

翻開林區的投資紀錄，他也曾在市場很糟時照樣賺錢，卻在市場氣勢如虹時賠錢。有一些他最喜歡的「十壘安打」股票，就是在市場走勢很差時展現出最強勁的漲勢，例如在前兩次經濟衰退期間，塔可貝爾股票都曾大幅飆漲；又如一九八〇年代的股市行情只有一九八一年下跌，但德萊弗斯（Dreyfus）當時卻從兩美元漲到四十美元，結果林區錯過了這支「二十壘安打」的股票。

林區當基金經理人時經常出席宴會，在參加雞尾酒會時，他常站在裝滿雞尾酒的大碗旁邊，聽著十幾位賓客的談話，幾年下來觀察出一套獨特的「雞尾酒會理論」。

但是，林區並非根據此理論投資，因為他從不預測大盤或市場走勢如何。林區說：「它（大盤）會自己照顧自己。」畢竟你要投資的是上市的股票，而非整個股票市場。如果壓對股市，看對大盤走勢，卻挑錯股票，結果還是會讓你虧掉身家財產。

這個「雞尾酒會理論」讓他領悟到：當市場失望時要保持樂觀，當市場激情時反而要維持理性，也就是要逆勢操作。但他所謂的逆勢操作是指，耐心等待行情冷靜下來，才進場買進價格被低估或還未反映真正價值的好股票，尤其是那些大家都不注意的股票。而且要避開熱門行業裡的熱門股票，最好是華爾街專家看了會打哈欠的冷門股，他發現被冷落、被認為成熟產業裡的好公司，總是最大贏家。

例如，殯儀連鎖公司國際服務（SCI）和有限服飾（The Limited）。國際服務和有限服飾早在一九六九年就上市了，不過國際服務上市十年都沒有分析師感興趣，而有限服飾則是在一九七五年已有一百家專賣店，當時只有一個專業機構投資它；等到一九八一年共有四百家專賣店，生意興隆，但也不過才吸引六位分析師關注。直到兩檔股票分別創下三十和五十二美元天價，都被認為屬於數十倍漲幅的飆股後，投資人看到股價大漲後才跟進，此時股價均已偏離基本面。

林區的買進訊號只有一個，就是找到一家他喜歡的公司，只有出現這個情況，他認為買股票永遠不會嫌太早或太晚。

彼得・林區的「雞尾酒會理論」

行情冷清時，是撿好股最佳時機

林區從雞尾酒會賓客互動，對應到股市漲跌的市況，觀察出市場人氣和大盤的關係。他指出投資要避開熱門股票，被冷落、被認為成熟產業裡的好公司，總是最大贏家。

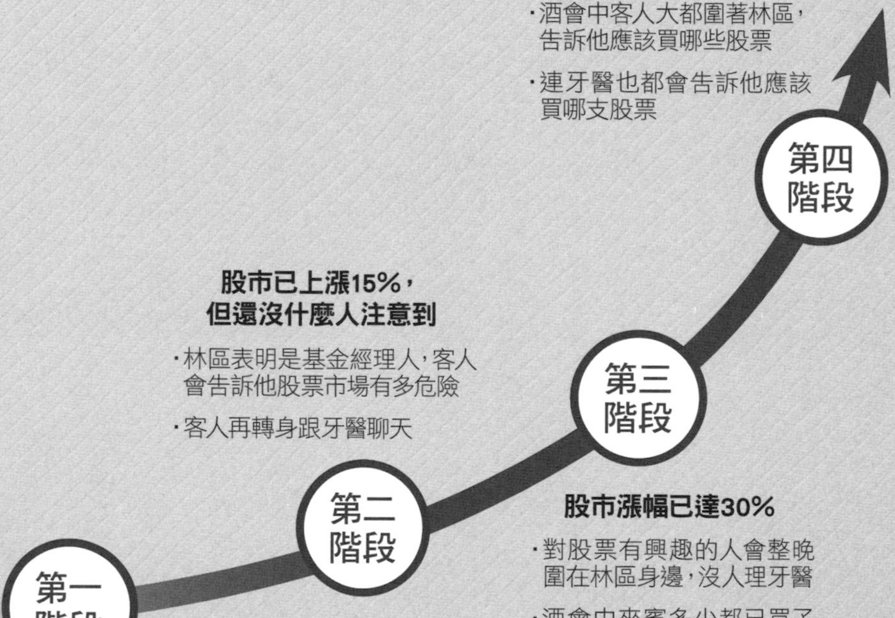

沒有人預期將再回升下，市場開始上揚

・雞尾酒會上的客人都跟牙醫聊天

・沒有人願意跟基金經理人談論股票

股市已上漲15%，但還沒什麼人注意到

・林區表明是基金經理人，客人會告訴他股票市場有多危險

・客人再轉身跟牙醫聊天

股市漲幅已達30%

・對股票有興趣的人會整晚圍在林區身邊，沒人理牙醫

・酒會中來賓多少都已買了一、兩支股票，大家熱烈討論股票

行情快到頂峰，馬上要開始下跌

・酒會中客人大都圍著林區，告訴他應該買哪些股票

・連牙醫也都會告訴他應該買哪支股票

投資哲學四：長期持股，下跌就加碼

不要以為你買的所有股票都會賺錢，連林區投資的股票，都不保證支支穩賺。他說，如果投資十支股票，只要有六支賺錢，結果就夠令人滿意了。但是，長期投資是他奉行的投資方法，因為緊抱持股，獲利才能加倍。

林區在一九八二年，看上克萊斯勒的轉機潛力，因此以股價六美元時買進，兩年後它漲了五倍，五年後漲到十五倍。其他林區投資的股票中，也有漲幅超過克萊斯勒，但由於該檔股票占麥哲倫基金的五％，對基金績效貢獻不少。林區雖然沒有買到克萊斯勒的最低價一・五美元，但因為長期持有、抱得夠緊，才能得到豐碩的成果。

林區主張買進有盈餘成長潛力的股票長抱，除非有很好的理由，否則不要輕易換股操作。而很多人都自稱是「長期投資」，但依照林區的看法，其實都只算「波段操作」；因為波段操作者往往受市場走勢漲跌影響，而不是依據企業基本面變化去判斷。這些人喜歡預測市場，希望在短期間內賺到最大報酬。但喜歡波段操作的人會發現，自己總是把股票賣在最低點，買在最高點。

「股價下挫，永遠都不是賣出股票的好理由。」林區反而認為，當公司基本面還是很好，但股價卻下跌時，不但要抱緊持股，而且最好逢低加碼，因為股價下跌正是逢低承接體質強健，但尚未發揮潛力、或股價表現落後股票的大好機會。所以，投入股市需要堅定的意志，因為「股市總是把意志不堅定的人拿來當墊背。」林區說。

掌管麥哲倫基金時，林區持有股票超過一千四百檔，被許多同業笑稱「什麼都買、什麼都愛」。事實上，相對於自己做為基金經理人的專業角色，他建議業餘投資者，一般人時間大概只能追蹤八至十二家公司，「持有股票和養小孩一樣，絕對不要因為養了太多而管教不過來」，他建議，散戶同一時間投資組合最好不要超過五家公司，才能專注了解公司，贏得勝算。

二〇〇七年，年過六旬的林區重回富達投資顧問擔任副董事長，過去已打過美好的仗，復出職場的他堅持低調的工作與生活原則，然而他睿智的投資理念，輝煌的操盤紀錄，仍為投資界流傳久遠的典範。

彼得・林區的投資心法

- 業餘投資者同一時間的投資組合不要超過五家公司。
- 尋找每股資產價值大於每股價格的機會。
- 如果分析師都覺得厭煩，就可以開始敲進了。
- 當你看不懂某一家公司的財務報表時，不要投資。
- 投資你個人最了解的東西吧！
- 股價下挫永遠都不是賣出股票的好理由。
- 避開熱門行業裡的熱門股票，被冷落、被認為成熟產業裡的好公司總是大贏家。
- 當你擁有優質公司的股份時，時間和你站在同一邊。
- 你喜歡某家店，可能也會看中這支股票。

Chapter 9

約翰・柏格

指數型基金之父，
教你越簡單，投資越成功

John Bogle

了。

有句話說：「愛之深，責之切。」這句話用來形容柏格對共同基金的看法再貼切不過了。

被譽為「指數型基金之父」的柏格，一九五一年起就進入基金市場，卻高瞻遠矚地在一九七五年推出不需要基金經理人、主動選股的指數型基金（Index Fund），從此成了基金市場的「獨孤求敗」。

稱柏格為「獨孤求敗」一點都不誇張。首先，他在共同基金市場樹敵甚多，「孤獨」地走一條不收手續費與基金經理人費用的道路，簡直破壞市場行情，引起同業排擠。其次，指數型基金完全追蹤大盤指數，並穩穩地賺取整個股票市場的股利分配，投資績效自然「不敗」給大盤。

這位共同基金市場的怪咖柏格，為何走上這樣一條孤獨的路？

家道中落，名門之後變打工小弟

一切得回到一九二九年五月八日。這天離美國歷史上最著名的「黑色星期一」還有一百七十四天。柏格就在此時誕生，襁褓中的嬰兒當然還體會不到華爾街股市在十月二十八那天重挫一三%，以及隔天再重挫一二%的恐怖滋味。但它引發長達十年的美國經濟大蕭條卻伴隨著柏格長大。

柏格出生在美國紐澤西州維洛納市（Verona），曾祖父於一八七〇年代從蘇格蘭移民到美國。祖父威廉・柏格（William Yates Bogle Sr.）是位事業有成的商人，他開創的工業公司後來被併入美國製罐公司（American Can Company），並曾列入道瓊工業指數成分股長達七十五年。

二十世紀初期，柏格家族是紐澤西州的望族，這讓柏格的爸爸（William Yates Bogle Jr.）年輕時就學會開飛機，並在第一次世界大戰時自願加入英國皇家飛行團。雄赳赳的飛行員原本可一路從軍，可惜戰鬥機摔落，柏格父親因此身受重傷；退伍返家後，便與維吉尼亞州望族家族之千金小姐約瑟芬・布普金斯（Josephine Lorraine Hipkins），結成連理。

豪門婚宴後，柏格家的三兄弟便陸續誕生。柏格上有哥哥，下還有一個雙胞胎弟弟。這一家五口原本過著衣食無虞的生活，但偏偏一九二九年的股災讓父親失去工作，更賣掉祖產，只得落魄投靠老婆的娘家。

柏格後來便靠著外祖母的接濟度過童年與青少年。他們三兄弟要靠打工賺取學費與補貼家用。他後來回憶說：「我們得找工作，得為別人工作，但我們也因此養成責任感、進取心和紀律。」

雖然柏格家家道中落，母親約瑟芬仍勉力讓孩子接受良好教育，並送三兄弟去讀學費較為昂貴的寄宿學校布萊爾中學（Blair Academy）。

因為畢業論文，意外跨進基金業

布萊爾中學的校訓為：「我來、我研究、我學習！」這大大影響了柏格一生，他日後投入基金市場、研究共同基金，甚至學習創設新商品，全都來自於這個校訓精神。

身為蘇格蘭後裔，柏格的性格像蘇格蘭高地經海風吹拂、醞釀的濃烈威士忌，簡單、醇厚又強悍。柏格不向命運低頭的性格，在讀書時期便展現。他一邊在餐廳打工，一邊還能保持優異的學業表現，畢業時榮獲「傑出學生」與「最具成功潛力學生」獎，還代表畢業生致詞。

畢業後柏格申請就讀普林斯頓大學（Princeton University），並順利獲得全額獎學金。普林斯頓大學位於紐約與費城兩大城市之間，而費城後來成為柏格終身淘金之地。

費城有間知名的天普大學（Temple University），創辦人魯塞・康維爾（Dr. Russell Conwell）以提倡「鑽石法則」出名。此法則的核心宗旨是：「你渴望的鑽石不在天涯海角，而在你家後院，你的身邊。」而柏格深受「鑽石法則」激勵，努力在身邊尋找鑽石的蹤跡。他念的是經濟，到了大四還不知道畢業論文該寫什麼。一九四九年冬天，他偶然翻閱《財星》雜誌，看到一篇介紹共同基金的文章，深感興趣，便積極投入研究。

當時，共同基金是一個剛興起、卻頗有爭議的產業。柏格花了一年研究，卻得出共同基金「無法帶來高於市場平均水準績效」的結論。這篇畢業論文不但獲得高分，還受到威靈頓

約翰・柏格大事紀

年分	歲	事件
1929	0	出生於美國紐澤西州望族，之後家道中落，寄居外祖父母家
1944	15	就讀布萊爾中學，並在餐廳打工當服務生，後升任領班
1947	18	就讀普林斯頓大學，工讀期間曾擔任券商跑腿小弟，也曾兼任《費城晚報》記者
1950	21	父母離異，父親搬至紐約，母親留在費城
1951	22	畢業論文以共同基金為研究主題，深受威靈頓基金創辦人摩根賞識而進入該公司
1952	23	母親過世
1956	27	結婚，到1971年時已育有6名子女
1960	31	第一次心臟病發作，此後經常為心臟病所苦
1966	37	威靈頓基金公司與一間位於波士頓的公司洽商管理合作
1973	44	美股步入空頭，連續兩年下跌，威靈頓公司與波士頓合作夥伴內訌
1974	45	創立先鋒集團，擔任董事長暨執行長，希望成為「引領新潮流的帶頭者」
1975	46	先鋒集團開始運作，年底推出世界第一檔指數型基金
1977	48	先鋒集團推出免手續費的基金制度，讓投資人的成本大幅降低
1981	52	美國證管會正式批准指數型基金的投資信託形態成立
1984	55	推出旗下第二檔指數型基金
1992	63	推出成長股指數型基金與價值型指數型基金
1996	67	轉任為先鋒集團資深董事長
1999	70	榮獲《財星》雜誌選為投資界四大「二十世紀巨人」之一；獲頒普林斯頓大學的「伍德羅・威爾遜獎」
2000	71	卸任先鋒集團資深董事長；退休後成立柏格財務市場研究中心，並任董事長
2004	75	《時代》雜誌選其為全球最具影響力百人之一；獲頒美國投資者協會的「終身成就獎」
2010	81	先鋒集團躍居全美資產規模最大的基金公司
2017	88	美國商業網站「商業內幕」（Business Insider）估計，淨資產有8000萬美元
2019	90	因癌症與世長辭，巴菲特稱其為「投資人的英雄」

基金創辦人華特・摩根（Walter Morgan）的高度賞識，馬上邀他入行。

威靈頓管理公司成立於一九二八年，是這行的先驅；第一個推出平衡型基金，在當時業界頗有分量。一九五一年，二十二歲的柏格開始他備受老闆賞識的少年得志生涯。摩根不但待柏格如子，甚至視他為接班人。

柏格的親生父親是個公子哥兒，欠缺為生活奮鬥的韌性。柏格三兄弟被丟到外婆家後，父母親雖然回到費城奮鬥，但仍過著有一頓沒一頓的生活。柏格還記得十六歲時，第一次搭車從外婆家來到費城，與住在小公寓裡的父母親一起過感恩節。他永遠忘不了那一夜：「那地方雖然跟鴿子籠一樣小，但也夠全家人住了，至少夠我們共度感恩節假期。」

大學時期，柏格的父母親終於在吵鬧中離婚。柏格晚年寫準回憶錄《夠了》（*Enough*）一書時，很少提到親生父親，倒是對外祖母家族與摩根的提攜多所感恩。

與合作夥伴內訌，被迫分家獨立

一九六五年，三十六歲的柏格已成為威靈頓基金公司的關鍵人物。這時美股牛氣沖天，已在投資市場摸了十多年的柏格信心滿滿，在一九六六年找來一家位於波士頓的公司洽談合併事宜。柏格顯然是想引進外部資源，來鞏固自己在威靈頓集團的接班地位。

可惜好景不常，一九七三到一九七四年間美股崩盤，基金淨值重挫達七五%，威靈頓集團管理的資產在投資人積極贖回下，從三十億美元縮水到十三億美元，柏格也因此和波士頓的合作夥伴嚴重內訌，一場董事會後，他被掃地出門。

但危機就是轉機，柏格強悍的街頭性格再次爆發。當時由於集團旗下每檔基金都會再授權給管理公司操盤投資。柏格被威靈頓管理公司掃地出門後，卻努力從集團的董事會上扳回一城。他積極遊說費城的老夥伴們：「共同基金為何需要外面的公司來管理資產？共同基金可以自己管自己，並因此省下大筆費用！」

紛爭持續了八個月，柏格也從一個剛愎自用、容易衝動的年輕人轉為沉穩老練的企業經營者。威靈頓決定在集團內再成立子公司，並授權由柏格操作。一九七四年底，正式成立先鋒集團（Vanguard Group）。柏格用英勇擊退拿破崙的英國海軍名將納爾遜（Lord Horatio Nelson）所指揮的旗艦先鋒號（HMS Vanguard）來為公司命名，用意深遠，但柏格並沒有擊退波士頓的對手。為什麼？因為對手反將柏格一軍，要求先鋒集團成立的共同基金都要由威靈頓公司負責投資管理與銷售。

坐困愁城的柏格急中生智，隔年想出了解困之道：如果有一檔基金並不需要基金經理人管理和積極銷售，那威靈頓公司的那群波士頓混蛋還能干預什麼呢？

首推指數基金，遭譏笨蛋的把戲

一九七五年底，世界上第一檔指數型基金成立了。這種基金很簡單，就是把標準普爾五百指數中的所有成分股全買了，如此一來就不需要投資管理，投資人也因此省下高達二‧

五％的基金管理費。這檔基金一開始取名為「第一指數投資信託」，後來改稱為「先鋒五百指數型基金」。不過當時整個市場都戲稱為「笨蛋柏格的把戲」。

由於沒人相信一艘無人駕駛的船能打敗投資市場上的洶湧大海，先鋒集團推出的世界第一檔指數型基金銷售業績奇差無比。為了打破困局，柏格再次使出絕招，在一九七七年起推出完全免手續費的銷售制度，用低成本讓消費者自己上門購買，不再透過股票經紀商的佣金體系去銷售。先鋒集團破天荒的做法，讓基金經理人的投資管理費用與基金銷售費用統統降至零元。基金便宜又大碗，那柏格賺什麼呢？只賺〇・二五到〇・五％之間的基金公司基本營運與行政管理費用。

「簡單是通往長期投資成功最短的捷徑！」晚年的柏格透過時間淬鍊，終於徹底體悟這點。但對當時體制內創業的柏格來說，他隱約看到一條投資不敗的道路，卻還懵懵懂懂，不知道自己摸索出了一檔「重劍無鋒，大巧不工」的不敗基金。

先鋒五百指數型基金前四年的表現相當糟糕，但自一九八〇年起，隨著美股多頭再起，績效突然躍升。先鋒集團打鐵趁熱，於一九八四年又推出第二支指數型基金。一九八七年十月十九日，美國道瓊工業指數狂瀉五百零八點，跌幅達二二％，創下第二次世界大戰後美股最大單日跌幅。華爾街的投機派對結束了，柏格提倡的長線投資、長線參與整個股票市場股利分配的指數投資觀點大獲全勝。

經歷市場震盪後，市場開始認同柏格。一九九四年到一九九六年短短兩年間，先鋒五百指數型基金打敗九一％的股票型基金。一九九六年柏格從先鋒集團董事長兼執行長，轉任資深董事長到二〇〇八年間，先鋒五百指數型基金的績效更持續超越七〇％以上的股票型基金。目前，先鋒五百指數型基金已是全球知名的共同基金，而先鋒集團在二〇一〇年也成為全美管理資產最大的基金公司，二〇二一年已成為全球ＥＴＦ第二大的基金公司。

退休後更敢言，猛揭穿基金假象

一九九九年，柏格獲得《財星》雜誌評選為投資業界四大「二十世紀巨人」之一。二〇〇〇年後，柏格從先鋒集團資深董事長退休，轉任柏格財務市場研究中心董事長。

許多人是活得越老越溫和，柏格卻一反中年以來的沉穩穩健，退休後恢復年輕時直言、敢言的鋼炮性格，從一九九三年到二〇一二年，連續寫了十本著作，火力四射地猛烈踢爆共同基金市場的真相。

柏格認為，投資最嚇人的是投資人付錢不但沒有獲得想要的，反而得到不想要的。投資人希望得到超越市場的報酬，但基金經理人卻很難打敗大盤，而且不管輸贏都會向投資人要求管理費。「扣除投資成本後，長期來說，投資人一定是輸家」。

柏格的論點再簡單不過，就是人人都想要投資的時間複利報酬，卻忽略「長期而言，成本複利成長的暴力壓倒了報酬率複利成長的魔力」。

根據這個思考理論，長線投資成了投資人參與企業獲利成長的不二法門。至於投資哪一間公司好呢？不用想太多，參與市場整體企業的獲利成長，是最萬無一失的投資之道。所以，柏格一針見血地建議散戶：「如果你在大海中撈不到針，就把大海買下來！」

「所謂指數型基金，就是一個裝了很多、很多蛋（股票）的籃子（一個投資組合），目的是要模仿整個大盤或類股的整體表現。」簡單來說，指數型基金就像《西遊記》裡、讓孫悟空可以裝滿一整個股市大海的葫蘆，投資人只要緊緊抱好它，並遠離經紀商、基金經理人與投資顧問，就可以把金融仲介成本降到最低，投資報酬率提高到與整個經濟市場的成長率一樣。

這樣簡單的投資法門，能為投資人帶來什麼好處？柏格說：「就是投資報酬的時間複利效果！」就像蘇格蘭單一純麥威士忌一樣，柏格在證券市場打滾一甲子所淬鍊出的投資精髓只有兩個字：那就是「簡單」。

在複雜多變且人人希望打敗大盤的證券市場中，追求簡單、易懂與整體市場平均表現相近的投資績效，毋寧是一種異數。這種思考觀點經過三十多年的時間驗證後，才被世人所接受，更是異數中的異數。

人們到底有沒有辦法打敗市場大盤呢？柏格從來沒有否認過這種可能性。但他始終堅信，不管是散戶或基金經理人，打敗大盤的機率比被市場打敗的機率高，對於平民大眾來說，打敗大盤的複雜道路不該是明智抉擇。

一般大眾既然因為投資能力不足，必須把錢信託給共同基金，更應當選擇透過簡單算數

約翰・柏格的時間複利效果

試算不同報酬率下的50年複利

柏格認為，基金經理人不管輸贏都會向投資人要求管理費，長期來說投資人一定是輸家。而指數型基金成本較低，相對墊高投資的複利效果。隨時間拉長，複利差距將更顯著。

扣除基金管理成本前，年報酬率為8%
扣除基金管理成本2.5%後，年報酬率為5.5%

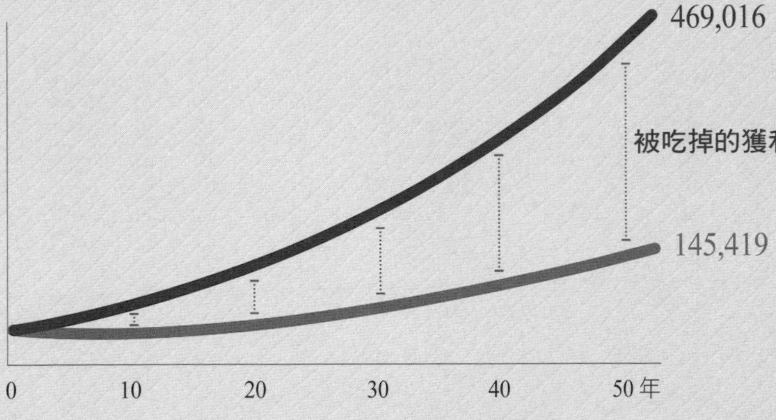

當用1萬元投資50年後，扣除2.5%的基金成本，將吃掉32萬3,597元的獲利——通通被金融仲介商賺走了！

年	沒有基金管理成本	有基金管理成本	被吃掉的獲利
10年	21,589	17,081	4,508
20年	46,609	29,177	17,432
30年	100,626	49,839	50,787
40年	217,245	85,133	132,112
50年	469,016	145,419	**323,597**

就能「不敗」給大盤績效的一條路。這條路不需要太多人工智慧，只需要一籃子完全盯緊市場的股票或債券，也就是指數型基金即可。

投資哲學一：越簡單，投資越成功

柏格對投資市場最大的影響力與貢獻，就是找出這條簡單的獲利之道。如果拿金庸小說的獨孤劍法來比擬柏格的投資觀點，我們將發現平凡卻抓準正確方向的思考，竟然真能靠時間複利締造出非凡的績效！

柏格非常推崇十四世紀的修士哲學家「奧坎的威廉」（William of Ockham）的思考哲學。這位出生於英格蘭奧坎的聖方濟各會修士威廉，提倡「簡約哲學」，並主張「凡可以簡單證明為真的東西，就沒必要浪費時間增添沒必要的假設，並要一刀將多餘剃乾淨」，因此稱為「奧坎剃刀」（Occam's razor）原則。

柏格在共同基金市場的立論，就是根據奧坎剃刀原則：無法打敗市場的投資理論、策略方法與人，都該一刀剃乾淨，沒必要再浪費時間。因此，柏格大刀一揮，把基金經理人從共同基金商品身上拿掉了，同時也等於砍除阻礙基金投資人獲利的高昂管理成本，還給投資人本應拿到的報酬。

柏格曾引述希臘哲人阿爾基羅庫斯（Archilochus）的話說：「狐狸所知之事甚多，但刺蝟只知道至為重要的那件事。」狐狸固然有技巧，且狡猾、靈敏，一如多數金融機構宣稱：

他們對於複雜市場和繁複老練的行銷多所了解，但刺蝟卻只廣為分散風險、買進抱牢，然後把費用維持在最低水準。而當市場震盪時，刺蝟會縮成一團，變成身穿無隙可趁的防身鐵甲。柏格認為這是刺蝟了解這偉大的事：長期投資成功立基於簡單。

投資哲學二：海底撈針不如買下大海

奧坎剃刀還有一個簡約原則，就是「切勿浪費較多東西，去做用較少的東西同樣可做好的事情」。在證券市場，投資人浪費了太多時間在選股，共同基金經理人則花了太多管理費去進行專業的投資組合。

柏格拿出奧坎的剃刀原則大力主張，拿不用花時間、也不用花錢的被動式投資組合來取代基金經理人的主動選股吧！這肯定會幫投資人省下大把銀子，而且反能增加投資效率。

二〇〇七年，柏格在《買對基金賺大錢》（*The Little Book of Common Sense Investing*，現版本譯為《約翰柏格投資常識》）的引言，開宗明義說：「投資的贏家策略就是用很低的成本，擁有一國所有公開上市的公司，就幾乎保證能獲得由股利與盈餘成長構成的所有報酬率。」但一個散戶投資人如何「買下」一國「所有」公開上市的公司？

對！柏格的答案是：「買一檔持有整個大盤投資組合的指數型基金，並永遠緊抱下去。」因為指數型基金持有一國所有的上市公司，依各公司市值比例長期持有。

反對柏格的人也許會批評：我們花時間選股，是為了能獲得股價飆漲的利潤；花錢找專家操盤，也是為了賺到超越大盤的投資績效！

這時候，柏格又拿出剃刀來揮舞了。他引述股神巴菲特的話說：「從現在到最後審判日之間，全體企業所有權人能夠賺到的錢，最多等於他們所擁有企業全體所賺到的錢。」**柏格堅信，投機的長期報酬最終仍將等於投資的報酬**。

投資哲學三：別買甜甜圈，只要長期買貝果

柏格指出，股價上漲固然美味可口，一如甜甜圈；但是，加了投機糖精的甜甜圈最後還是會被市場震盪打回原形。只有靠實質生產力與企業獲利支撐的企業價值，才具有健康如貝果般的投資價值。換句話說，股價上漲並不可靠，時間放久了，又會縮回如貝果一樣的形狀，投資人最後賺到的還是貝果。

投資人還是可選擇憑複雜的甜甜圈，贏得短期超額績效（柏格從沒反對這點），但長期來說，簡單的貝果才能贏最多。**時間是柏格推崇投資貝果論的重心**。

柏格拿出歷史資料來證明他的論點：從一九〇〇年到二〇〇〇年間，美國股市的投資報酬率（股利率＋盈餘成長率）相當穩定，每年通常介於八％到一三％之間，平均值為九・五％。同個時間的投機報酬率起伏卻相當大，基本上是以十年正值、十年負值的方式輪動。雖然某些十年會有超高的報酬率，但總的來說，平均年投機報酬率只有〇・一％。

柏格的結論是：雖然在某幾個十年期間的投機報酬率有很大的變化，但長期來說卻幾乎

沒有影響。因此，美股平均九・六％的年度報酬率幾乎完全由企業經營所產生，只有〇・一個百分點是投機造成的！

對喜歡追高殺低、計算股價漲跌的投機高手來說，柏格的貝果理論顯然沒有說服力，因為他們自認為能搶到且吃到美味甜甜圈的高手。

投資哲學四：投資輸贏，關鍵在成本

但對柏格來說，先鋒集團服務的客戶是為數眾多的投資大眾，不是個別的投資高手，所以他又推出另一個奧坎原則來說服市場相信：「**投機的獲利總和是零，也就是說，從整體觀點來看，投機是一場零和遊戲。**」

所以從整體觀點來看，投機的市場裡沒有贏家，唯一必賺不賠的是莊家，包括證券經紀商、投資銀行家、基金經理人、行銷人員、律師、會計師、金融體系中的營業部門等等。

柏格的奧坎剃刀又來了，他舉出兩件事情來說服投資大眾：

一、扣除投資成本前，基金投資人賺到的報酬率正好和市場報酬率完全相同，所以打敗大盤是零和遊戲。

二、扣除投資成本後，基金投資人的報酬率是市場報酬率減去各類基金的成本。故打敗大盤注定是一場輸家的遊戲。

你可以繼續選擇當一個投機高手，但只要你選擇了共同基金，那麼，還企圖打敗大盤就簡直是天方夜譚了！

柏格還舉出鐵錚錚的數字來證明奧坎原則鋒利無比。以一九八〇年到二〇〇五年間標準普爾五百指數的年平均報酬率為一二．五%來看，指數型基金在這二十五年間的年平均報酬率約為一二．三%（因為營運成本約〇．二%），而市場上的主動型股票基金卻只有一〇%的年平均報酬率（因為投資管理成本約二．五%到三%）。

一二．三%與一〇%的年平均績效，看起來只差二．三個百分點的報酬率，但拉長二十五年看，兩者將差距甚遠。一九八〇年投資一萬美元到指數型基金，到二〇〇五年時會變成十七萬八百美元；但放到股票型基金上，卻只會增加九萬八千二百美元。

主動型共同基金的高昂投資成本，讓投資人足足少賺了四三%。這些少賺的錢，也正是金融莊家從投資人身上A走的暴利！

投資哲學五：稅和手續費會吞掉報酬

柏格指出，影響基金投資人獲利的成本要素還有兩個：一是隱藏於基金內部的交易成本；另一個則是投資人支付的基金手續費與稅務負擔。隱藏於基金內部的費用，是指基金投資組合的周轉率，因為基金經理人每轉換一次持股，就得在證券市場支付證券交易稅與手續費。周轉率越高，投資人投入共同基金的血汗錢就會被證券市場裡的其他莊家一點一滴地吃掉。

柏格一九五一年剛進金融業時，美國股市的股票周轉率約只有二五%，但到了一九九八年，股票周轉率卻提升到一〇〇%，並逐年提升到二〇〇七年高達二一五%的驚人數字。換句話說，一張股票每年會在市場上交易達二・一五次。換手、換手、再換手，基金投資人完全看不到這些隱藏在基金獲利背後的證券交易稅損失，但這卻會讓基金績效再次遠離市場整體應有的獲利表現。

此外，基金投資人向投顧、銀行與證券公司申購基金時，必須支付基金手續費。這些手續費也是看得見、且會吞蝕實際獲利的成本。

因此柏格警告：除非基金業開始改革，降低管理費、營運費用、銷售手續費、投資組合周轉率與其他附帶成本，否則投資人選擇一般積極管理型基金，似乎會非常不幸。

投資哲學六：過去績效不能保證獲利

柏格很愛跟市場唱反調，但歷史卻證明柏格正確無比。他強調投資不應該根據過去的績效數字，但放眼共同基金市場，一堆績效指標如β係數、夏普指數等，無非是想透過歷史紀錄來協助投資人選擇優質基金。

雖然柏格熱愛共同基金，但他也毫不客氣地批評：「積極管理型基金的所有經理人將來勢必都會換人；所有的基金大致都會倒閉；成功的基金會吸引大量資本，以致妨礙未來的成就；而且我們不能確定基金的績效中有多少出於運氣或技術。因此，根本沒有什麼方法能確保我們選中將來會打敗大盤的基金。」

最重要的是，柏格認為**市場回歸平均值的力量，不但會發生在股價的漲跌上，也會發生在共同基金的績效上**。也就是說，過去十年獲利良好的基金，未來十年回歸市場、甚至低於市場平均值的機率將越來越高。

投資哲學七：時間和投資標的分散能降低風險

市場上的不明確因素基本上就是風險。柏格認為，投資必然有風險，透過指數型基金固然可以避免選錯個股、類股與錯估股價漲跌的投機風險，但仍無法避免市場本身的風險，比如經濟不景氣導致的企業獲利不振等。

柏格認為，**要打敗市場風險的唯一辦法只有兩個：一個是時間，一個是分散投資標的**。

柏格除了要求投資人必須貫徹長期投資的堅持外，他還認為投資人必須根據自己的年紀與需求進行資產配置。例如，聚財期投資人（二十五至五十歲）可以配置八〇％股票型指數基金與二〇％債券型指數基金；過渡期投資人（五十一歲至退休前）可考慮將股票與債券的配置比例調整為六十五比三十五；散財期投資人（退休後）：股、債配置比例應各半，或者調整為三十五比六十五；而擁有一大筆金額的投資人：偏重成長者可以採股、債比七十比三十；

最後，偏重現金收益者可以採股、債配置比六十比四十。

總而言之，柏格一生都堅信「平衡」、「分散」與「長期投資」才能創造時間複利的神奇魔法。這點也構成他投資哲學的核心思想。

投資哲學八：別讓ＥＴＦ模糊常勝之道

柏格提倡指數型基金，但並不全然認同近年快速崛起的指數股票型基金（以下簡稱ＥＴＦ）。雖然兩者均以追蹤大盤指數為操作目標，但對投資人來說，最大的差別在於交易方式不同：指數型基金的買賣過程與一般共同基金買賣流程相同，而ＥＴＦ則是在集中市場掛牌交易，買賣方式就是股票交易的方式。

換言之，ＥＴＦ比指數型基金更容易在市場上進出，因此也日漸變成市場投機工具，看好大盤會漲的人，可以透過ＥＴＦ來賺到指數價差，當然，看錯了就得進套房。

對柏格來說，指數投資的基礎觀念在於投資標的分散，透過基金長期持有整個市場，不試圖去猜測市場走向。但許多金融機構推出的ＥＴＦ卻強調可以當日沖銷、放空與融資，基本上和指數投資的原理背道而馳。

許多ＥＴＦ還採取追蹤特定類股、特定主題的方式來吸引偏好市場潮流的投機客，因此諸如針對皮膚科和即將興起的癌症來投資的ＥＴＦ，以及槓桿ＥＴＦ：運用衍生性商品以創造出超越標準普爾五百指數兩倍漲跌幅的ＥＴＦ也應運而生。

柏格對於這種ETF亂象不但無奈，還常撰文痛批自己創造出一種科學怪人，將立意良善的指數投資概念，導引到短期投機與追逐熱門投資主題上頭。這實在遠非他的本意，也誤將投資人導向複雜而非簡單的錯誤道路上。

即使二〇一七年柏格已經八十八歲了，但他還沒從投資戰場退下來。即使在美國的基金市場中，有一七％已被指數型基金所占有，他仍然不滿意。在二〇一九年柏格過世前，在美國晨星（Morningstar）網站上，偶爾還會看到他親自到討論區貼文，振聾發聵地提醒投資人小心共同基金高昂的手續費、管理費與交易成本，最終會吃光你所有的血汗錢！

約翰・柏格的投資心法

- 複利吸引力是時間和報酬合而為一的力量。
- 從事投資真正賺到的錢不是靠買賣，而是憑著擁有、緊抱證券所賺來。
- 投資人持有的債券部位應等於年齡：20歲時持有20%，70歲時持有 70%，其餘以此類推。
- 你可能得到穩定的本金價值，也可能得到穩定的收益，但是不可能兩者兼得。
- 投資成功的必勝公式是透過指數型基金，擁有整個股市，然後什麼都不做，只堅持到最後。
- 不要依據短期報酬率追逐績效優異的基金，大多頭市場期間尤其如此。
- 你知道的事情，市場很少不知道。
- 報酬率會隨著行動的增加而減少。
- 了解股票和債券市場的報酬率從何而來，這一點是智慧的起點。
- 投機的「報酬率」，取決於投資人願意花多少錢，來換取每一美元的企業盈餘（也就是本益比）——長期來說等於零。

Chapter 10

比爾・葛洛斯

債券天王

從長期眼光，找出投資金蛋

Bill Gross

他，被譽為債券天王。二〇一四年以前掌管全球最大債券基金「太平洋投資管理公司」（The Pacific Investment Management Company，以下簡稱PIMCO）的總報酬基金，手上掌管資金曾高達近三千億美元。

他更是唯一摘下三次全球基金評鑑龍頭晨星「最佳固定收益基金經理人」的人，四十一年來績效打敗大盤。

當他在二〇一四年年九月閃電跳槽到駿利資產管理集團（Janus Capital Group，後改名為Janus Henderson）時，市場資金大舉挪移，PIMCO總報酬基金光當月就贖回二百三十五億美元，等同於當年前八月的贖回總額，而他接手的駿利亨德森全球無限制債券基金（Janus Henderson Global Unconstrained Bond fund, JUCIX）所管理的資產在兩個月從一・二億美元飆升至十二億美元。兩家公司的股價也兩樣情，PIMCO所屬的德國安聯集團（Allianz）在消息傳出後股價一度下挫超過七%，駿利資本集團的股價則在一開盤大漲近四〇%。

這年他七十歲，身價二十四億美元，原來操盤的PIMCO總報酬基金資產規模曾達三千億美元，後來操盤的全球絕對收益債券基金不到二十億美元，雖然倉促離開PIMCO是因為基金表現不如期望，但葛洛斯不服輸，就如同四十年前剛進入華爾街的小賭徒般，持續觀察市場，伺機而動，期待抓住債券另一次多頭，再造事業巔峰。

他就是葛洛斯，一手創辦PIMCO，打造世界最大的債券基金，後來擔任駿利資產管理集團的基金經理人，希望能再次證明自己的寶刀未老。

這是一個小賭徒變成手握十兆資金天王的故事。他的一生都在與情緒作戰，因為他「認識自己」、「踢掉自大」，而能站在迎風的浪頭上，持續四十年。

左右債市的葛洛斯能有四十年不敗的紀錄，線索就藏在辦公室裡。掛在太平洋投資管理公司辦公桌後，有一幅李佛摩的肖像畫。他是史上最有名的投機客，從一個號子裡的擦黑板小弟起家，成為叱吒華爾街的金融大亨，一生八次大起大落，最後自殺結束一生。

「投資人必須提防很多東西，尤其是自己。」這句李佛摩名言讓葛洛斯一生謹記於心：凡是人，都有情緒；因此李佛摩倡導認識自己，葛洛斯也以此自我惕厲，在生活、投資上發展出一套高度自律的系統，藉以打敗情緒的起伏。

葛洛斯以精準的長期趨勢預測見長。最經典的操作莫過於二〇〇〇年二月底，華爾街突然出現一陣騷動，一連串債券買盤湧現，美林、高盛等投資銀行的交易廳耳語著：「葛洛斯進場了。」這如同野火燎原，市場瘋狂搶進債券，幾小時後，債券價格扶搖直上。

幾天後，也就是三月分，美股觸頂，從此未再回到高點，這就是大家熟知的科技泡沫大崩盤。當然，股市崩盤，也揭開債市多頭的序幕。

債市與股市就如翹翹板，當股市籠罩烏雲時，債市便陽光普照。因此，即使葛洛斯操作的是債市，他的一舉一動，仍吸引全球目光。因為部位龐大、進出快速低調，他率領的部隊也被形容為「安靜的巨鯊」（Quiet Sharks）。

這頭巨鯊是怎麼長成的？

從賭桌上，領悟出一生投資心法

時間拉回一九四四年，葛洛斯出生於美國中部的小康家庭。他雖然內向，被人稱為獨行俠，內心卻無比好強。大學時代，在朋友的起鬨下與人打賭，從舊金山跑到加州卡梅爾（Carmel），全長共一百二十五英里（約兩百公里）。為了贏得賭注，即使跑到最後五英里時，葛洛斯的一個腎臟已經破裂，他還是堅持繼續跑，花六天的時間終於跑完，跑完後立刻被送進醫院。

這股強烈想贏的欲望，讓他做每一件事都極為專注。好友兼MSN Money財經作家提摩斯・米德頓（Timothy Middleton）形容，葛洛斯贏得桂冠的技術都奠基在此共同點上：嚴格而專注的自我要求。

大學畢業那年，一場車禍改變了葛洛斯的命運。住院療養時，他讀到加州大學教授愛德華・索普（Edward O. Thorp）的《打敗莊家》（*Beat the Dealer*）一書，教人用記牌方式，在二十一點撲克牌遊戲獲勝。一出院，他就帶著兩百美元到賭城試身手。為了盡量保存賭本，他住進一天只要六美元的印地安飯店，每天走路到拉斯維加斯大道上的四后賭場（Four Queens），找免費食物吃。

一開始，葛洛斯受不了周圍環境的菸味和酒氣，經常無法集中注意力。如果運氣不好，他幾小時，甚至一、兩天都沒贏，會沮喪地不敢回到賭桌上。有時，他經常這裡玩幾把，再

比爾・葛洛斯大事紀

年分	歲	事件
1944	0	生於美國俄亥俄州中途鎮
1962	18	進入杜克大學心理系就讀，輔系為希臘文
1966	22	在拉斯維加斯用200美元贏了1萬美元，奠定投資思維
1971	27	擔任太平洋保險公司的債券分析師，開啟主動式債券交易風格；協助創立PIMCO
1977	33	12月躋身固定收益分析師協會的名人堂，是第一位獲得此項殊榮的投資組合經理
1980	36	接受AT&T委託管理固定收益，成美國西岸最大企業代操投資公司
1982	38	預測聯準會反通膨立場，看準債市多頭，打下成功第一役
1987	43	PIMCO獨立營運，總資產為20億美元
1996	52	接手操盤PIMCO總報酬基金
1997	53	出版《道聽胡說的投資術》，後改名《葛氏投資學》（*Bill Gross on Investing*）
1998	54	獲晨星基金機構評選為最佳固定收益基金經理人
1999	55	成功預測網通股泡沫化
2000	56	第二度獲選晨星最佳固定收益基金經理人；也得到美國債券市場協會的傑出服務獎
2001	57	12月《SmartMoney雜誌》將其列為三十位投資頁中最具影響力的人物
2005	61	獲選《富比士》企業25位最有影響力人士第10名
2006	62	預測美國次貸危機，2008年應驗
2007	63	第三度獲選晨星最佳固定收益基金經理人
2008	64	在金融海嘯時，為旗下千億美元資產創造驚人的2.5%報酬率
2009	65	《富比世》雜誌連兩年評選為世界有影響力人士
2010	66	晨星封其為十年來最佳固定收益基金經理人，並讚美「沒有哪個基金經理人替客戶賺的錢比葛洛斯多」
2011	67	榮獲《退休金與投資雜誌》的資金管理終身成就獎
2014	70	跳槽至駿利資產管理集團，負責新成立的債券基金
2019	75	3月宣布退休，表示將把重心放在慈善事業和個人資產管理上

換到另外一張桌子，或者到處觀察哪個發牌員比較會帶來好運。後來他發現，一直換賭桌根本無法記住莊家已經出了哪些牌，也不可能預測牌盒裡還有哪些牌；而且暫停會打斷賭博的節奏和專注。

因此，葛洛斯決定長期抗戰，每天在賭桌待上十六小時，連賭四個月。就算輸了大注也不退場，繼續留在牌局中，用兩美元下注。就這樣，當初的兩百美元盤纏，竟然翻了五十倍，變成一萬美元。

這個小賭徒不只贏得了大學學費，還奠定終生受用的投資心法。與一般賭徒不同，葛洛斯並非愚蠢、毫無紀律、純粹賭運氣。他建立起一套評估未來事件的機率（投資風險），並按照期間分為長期與短期。

如果用二十一點比喻，留在牌盒裡未發的牌，代表的就是長期機率；而莊家所發的下一張牌則是短期機率。當你記住莊家已經發出的牌，就掌握了長期機率，你可以算出牌盒裡是點數大的牌多，抑或點數小的牌多。因此，莊家接下來會發出什麼牌？你猜中的機率也就能因此提高，也可據此決定是否補牌。

「我從賭桌上了解，當你看到勝利機會倒向自己時，一定要持長期觀點。」葛洛斯悟到，即便出錯，只要對的次數加起來多於平均，你就可以打敗莊家。

葛洛斯曾寫道：「有次我被一堆無解的難題纏住了，一個老朋友對我說：『記得兩件事：一、別為小事抓狂；二、全都是小事。』」這兩句話已變成他一連串自我反思的源頭。

凡常陷入瑣碎小事泥淖中的人，不可避免總是淪為輸家，但專注在長期趨勢藍圖的投資人，可以改善投資機會的優勢，甚至不輸專家。早在他擔任基金經理人之前，便習得此事。帶著長期觀點的思考架構，二十七歲那年他找到第一份工作：太平洋保險公司（Pacific Mutual Life Insurance Company）的債券分析師。「剪息票（clipping coupon）是我的第一份工作。我每天剪下債券息票貼在紙上，然後寄去對方公司，他們就會給我們利息。」

當時，債券投資被視為「孤兒寡母領取利息」的投資工具，平淡無奇。因為在那之前的一百多年，美國的通貨膨脹率每年平均只有〇・六五%，債券價格卻從不波動。買下債券的投資人只要定期把息票剪下來，寄回給發行債券的公司收取利息，到期時領回本金即可。

但是，情況開始改變。一九六〇年代出現通貨膨脹，從一%逐漸往上升，直到一九七〇年的六%。物價上揚，債券的利息不再能支付孤兒寡婦的生活所需，也不再保值，價格大幅下跌，甚至腰斬！市場因此徹底改觀，債券從「世界上最安全的投資」，被譏諷為「充公券」。「時勢」出現了，但還得要有「英雄」才能造時勢。葛洛斯回憶：「做了六個月，我覺得好無聊，我說不要再剪貼了，（我們）來交易吧。」

改寫歷史，讓債券也能交易套利

「我老闆說好，非常支持我。但這是很大的風險，沒有人這樣做過。競爭者認為我們瘋了。」當時把債券當成股票、在市場上買賣被大家視為異端。「因為我很年輕，想事情不一樣。老一輩的人，不願意去看新主意。」當時一流的高手拚命往股市擠，進債券市場的人不是二軍，就是「老一輩的人」。低度競爭的市場碰上年輕的冒險家，以及大環境的轉變，於是，債券天王誕生了。葛洛斯成為第一個把債券拿來交易的人。

「他對投資界最大的貢獻就是看出債券可以拿來交易，並非只是持有。」經濟學家、前聯準會成員彼得・伯恩斯坦（Peter Bernstein）評論，「當時（一九七二年）關於新形態債券交易的學理不過才問世，但葛洛斯卻已開始展開積極的投資策略……堪稱積極型固定收益管理的前鋒。」

接著，葛洛斯像在賭場找機會一樣，在全球市場找尋高報酬的債券投資機會，「找到機會就下大注」。他發現有一種交易極冷清的私募配售債券不受主管機關監督，他利用市場交易量少、缺乏公開報價平台的環境，在買賣資訊不對稱的狀況下套利。

有一次，葛洛斯左手拿起電話買進兩百萬美元公司債，每單位價格為七十九美元，右手馬上電話報價賣出，但談成的價格是八十九美元，幾秒鐘之內便賺進二十萬美元的利潤，而且風險極低。這種新形態的債券套利模式，讓葛洛斯在代操業大出風頭，每年平均報酬率均超過一〇％，甚至曾高達一八％，打敗股票大盤。因為成績亮麗，他拿下第一大電信公司美國電話電報公司（AT&T）的代操資格，讓他成為市場當紅炸子雞。

為控制情緒，維持規律作息二十年

十年征戰市場，葛洛斯在賭桌上得到的「長期觀點」越加成熟。他發現，「三至五年的長期觀點，足以消除自己每日情緒起伏，並專注於未來重要的總經趨勢」。

「長期觀點」也是他後來投資策略的主軸，「把注意力放在未來三到五年，等於在心裡給自己打了個暗號，告訴自己投資不是賭博，而是建立長期布局，這同時也幫助你降低在進行投資決策時，產生的貪跟怕」。而且，「當機率有利於你時，要下大注」。

為了遠離情緒起伏，葛洛斯刻意維持極為規律的作息，每天早上四點半起床，六點準時開車十分鐘到公司。早上九點則由私人教練指導他做瑜伽。「每天我去做瑜伽，都可以自省，這讓我平靜。當我回來時，就能想得更長遠。我相信如果能夠越平靜，你就是越好的投資人。」下午四點以後，東岸債市打烊，葛洛斯會到鄉村俱樂部練一下球，然後回家，七點半就寢；睡覺前，他會先看一小時左右的書才睡覺。這樣的作息，他維持至少二十年。

葛洛斯不僅自我要求甚嚴，他每天花上好幾小時在辦公室思考、不發一語。他也要求旗下基金經理人跟自己一樣自律、長時間工作，並控制情緒，即使再大的交易成功，都不能歡呼。

葛洛斯的紀律也顯現在長期趨勢的觀察。好友提摩斯形容：「他讓辦公室安靜得像在辦喪禮，因為他厭惡任何會分心的事，這有時會讓同事抓狂。」「他直挺挺地坐著，像停在藤架上的螳螂，專注地看著電腦螢幕。」

是什麼讓葛洛斯可以做到如此程度？「求勝的欲望一直在那。我就是對於成功有無法滿足的欲望，需要維持在不敗。因為每天都是一盤新局。」他笑說。戰勝市場的熱情，在他的基因裡；他長期報持觀點的信念，會用理性去執行。

投資市場就像全世界最大的金礦，這個金礦天天開門，每個人都可以進場一窺究竟。然而，當某天結束的鈴聲響起，總是有人從乞丐變成王子，或者從王子變乞丐。關鍵只在於誰能戰勝自己。葛洛斯就是那個打敗自己，從小賭徒變成債券天王的人。

長期觀察、提早布局、耐心等待

以三到五年長期觀點評估，一旦確認長期趨勢，等到機會就下大注，這就是葛洛斯的投資風格。一九八〇年九月，他就成功抓住後來二十年的債市多頭，打了漂亮的一仗。

當時，石油危機後造成嚴重通膨，聯準會連續升息超過一五個百分點，葛洛斯判斷：未來三到五年降息機率遠高於升息。他開始逐步加碼長天期債券，經過統計模型計算風險，確認降息機率最大時，布局完成。兩個月後，聯準會果真開始降息。接下來的一九九八年俄羅斯金融危機、二〇〇〇年的美股科技泡沫等戰役，都是如此。

提早布局，每次都讓葛洛斯大有斬獲。他回憶每次大賺，都是因為遵守李佛摩所說：「大錢不是在買進或賣出時賺到的，真正的大錢總是在等待時賺來的。」

長期打敗大盤的績效，讓歐洲最大保險集團德國安聯集團，決定在二〇〇〇年買下PIMCO，並以五年、兩億美元的天價「金手銬」，留住葛洛斯，他因此成為當時薪水最高的債券基金經理人。

葛洛斯用長期的觀點、規律的生活，讓自己多年來不被市場巨浪吞噬。儘管如此，看得遠也讓他付出先知的寂寞代價。

二〇〇六年的預估最是經典。那時葛洛斯觀察到房價漲太高，甚至派出幾十個員工到全國各地假裝成要買房子的人，查看當時房屋市場的狀況，之後他決定砍掉、也不再買進次貸商品；但此舉引來市場嘲笑：「PIMCO過時啦、PIMCO錯啦。」

人們說他太悲觀，他的績效也掉到同類基金排名的後四分之一。從第一名掉到後段班，葛洛斯心情不由地落到了谷底。他為了避開人群，不但上班時改走樓梯，不搭電梯；績效最差的那段時間，他乾脆休長假轉換心情。

「那九個月、真的、非常、悲慘。」葛洛斯加重語氣，苦笑著：「每次回到家，我就跟太太講，也許我太老，被潮流淘汰了，也許我已經喪失了手感。」他形容當時的心境，「就像洋基隊沒打進世界大賽一樣失落」。

每一天，媒體、對手的訕笑，如芒刺在背，「我只有『繼續』不斷地檢視自己三到五年內的看法；『繼續』研究；『繼續』派人到全美國各地去假裝買房子的人；『繼續』去確認自己原來的觀點是否很愚蠢，儘管我們對自己的看法和想法有信心。」

在接受《商業周刊》專訪時，葛洛斯說了四次「繼續」。這就是天王多年不敗的關鍵：持續以長期觀點，維持紀律。在《道聽塗說的投資術》（*Everything You've Heard About Investing is Wrong!*）一書中，葛洛斯現身說法，具體分享了他的投資哲學：

投資哲學一：長跑理論——只想短期容易情緒化

每年復活節，孩子們總要玩尋找復活節金蛋的遊戲，但孩子們在尋找的過程中，三不五時會被沿路的銀蛋、巧克力蛋所吸引，葛洛斯總忍不住要他們趕緊回神、專注找金蛋。

一九九〇年代，貿易環境的全球化，以及國家觀念的瓦解，讓市場上出現許多尋找金蛋的獵人（自行建立套利新秩序的投機客），縱橫於債市、股市和匯市，葛洛斯稱之為「資本市場的民兵」。

民兵們不停地把錢從美國搬到德國、德國搬到日本、日本再移到泰國，只為尋找當下報酬與風險最佳組合的投資地區。他們行動迅速，通常一個晚上資金就會大量轉移，造成市場短期內大幅波動，讓投資人無法安然入睡。

全球央行面對嚴厲的考驗，投資人的策略也必須時時調整，並關注到底利率在什麼區間內來回，才能抑制瘋狂的民兵。

如此一來，投資的難度越來越高，這無關乎投資人是否資訊豐富或夠勤奮，反而與投資時間長短有關。如果還想只投資三、五個星期或三、五個月，那就太注意短線了。這樣容易變得十分情緒化，動不動就會急著殺進殺出。

因為，你先前認為是對的事情，現在卻覺得是錯的。你的自我在瞬間受傷；你的情緒如鐘擺般在兩端盪來盪去。如此一來，情緒起伏，加上每日統計數字、分秒變動的價格，把你變成陷入腦死的投資人。

你不是被貪婪或恐懼淹沒，就是在情緒轉換間擺盪得筋疲力竭。即便是職業經理人，如果沒有長期看法也是一樣。

因此，因應策略是設定長期觀點，這樣做，你就不會那麼情緒化，少點害怕，也少點貪婪。「長期」到底要多長？葛洛斯建議，資產布局最好架構在三到五年的長期觀點上。

在長期觀點的大架構下，你也要留意資金流向，感受市場的潮流和想法，隨著產業循環起伏（半年至一年），微幅調整資產配置。透過這樣的投資計畫，你努力學習投資才會成功，才不會被情緒所阻礙。

森林裡有太多獵人，但只有少數人找到金蛋。建立長期投資觀點，有助於你避開民兵的襲擊，找到自己的金蛋。

投資哲學二：蜉蝣理論——看人口變化掌握市場

要在金融市場上存活，跟戰場上開飛機一樣高難度，必須眼觀四面、耳聽八方，否則你的財富鐵定撞機。在這樣的前提下，多了解人的行為科學有助於在金融市場存活，葛洛斯稱

比爾・葛洛斯的「金蛋理論」

沒有長期觀點，遲早會離開股市！

對於投資，必須有3-5年的看法；只要隨著產業循環起伏，微幅調整資產配置。因為，如果急著殺進殺出，獲利將被情緒化給吃掉。

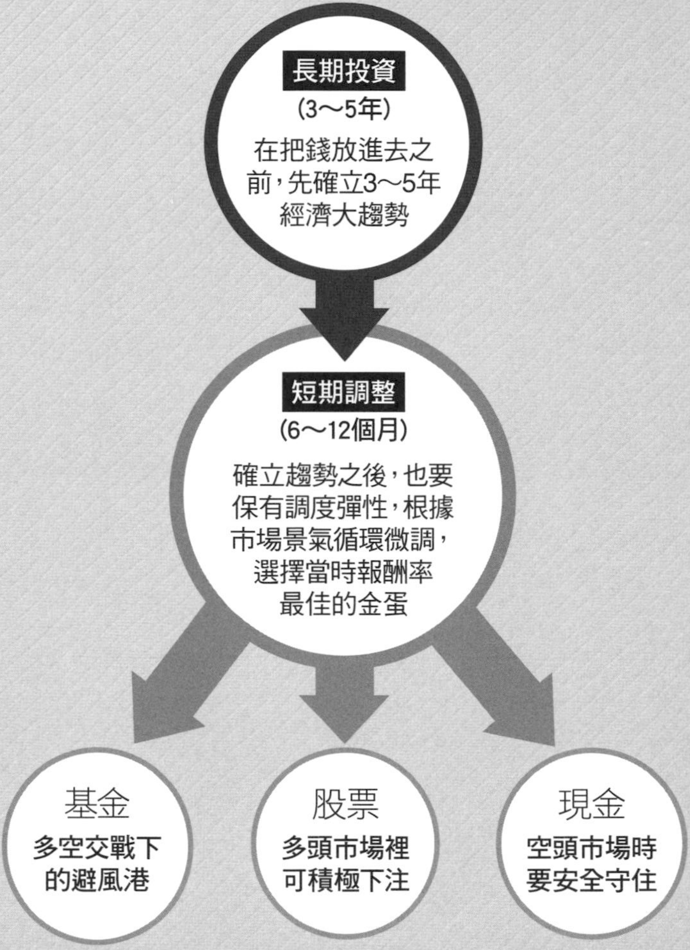
長期投資
(3～5年)
在把錢放進去之前，先確立3～5年經濟大趨勢
短期調整
(6～12個月)
確立趨勢之後，也要保有調度彈性，根據市場景氣循環微調，選擇當時報酬率最佳的金蛋
基金
多空交戰下的避風港
股票
多頭市場裡可積極下注
現金
空頭市場時要安全守住

自己的這套想法叫做「蜉蝣理論」（The Plankton Theory）。

蜉蝣可說是海洋生物鏈的基礎。所以，如果要預測白鯨、大白鯊的動態，觀察蜉蝣的生態是其中一個方法。每個人就好比世界中的蜉蝣，從個人行為可以觀察出世界趨勢。這就是蜉蝣理論。

以房市為例，首次購屋者好比蜉蝣。如果房價太高，蜉蝣（即購屋者）買不下手，房價也會隨著降低。反過來說，如果持續有房子的人找到新買主，房價就會像食物鏈持續延伸上去。所以，想要知道房市整體情況，必先觀察經濟食物鏈的源頭；沒有蜉蝣般的房屋買家現身，房市就不會有動力。

擴大到整體市場來看，蜉蝣理論的基礎就是人口學，人口學是分析人口流動的學問，足以精準描述目前人類社會，以及未來二十年的趨勢。單一小蜉蝣匯集成一大整體，就能產生撼動市場的力量，無論股市或債市，長期價格都由人口趨勢所決定。而人口趨勢影響經濟和企業表現，是基本面評估的一環。

一九四五年到一九六〇年代早期出生的戰後嬰兒潮（美國約八千萬人），主導了美國的人口趨勢，這群人帶動戰後的繁榮，相對於沒有嬰兒潮的歐洲和日本，他們的經濟便顯得平靜許多。嬰兒潮世代數量眾多到足以左右投資市場。一九七〇年代和一九八〇年代初期的雙位數通貨膨脹、高油價和房地產狂飆，主要都是因為這些二十多歲的嬰兒潮人在大量消費，而非美國總統吉米・卡特（Jimmy Carter）的施政或石油輸出國組織（OPEC）的地緣政治。

葛洛斯在一九九九年，同樣用蜉蝣理論觀察到網路通訊產業泡沫化。當時那斯達克（Nasdaq）的科技股票，好比安隆（Enron）、世界通訊（WorldCom）價格過高。此時的蜉蝣，也就是小散戶，認為不可能賠錢，加上很多人買股票成為百萬富翁，小散戶好像在開派對，情緒高昂。

但股價不可能一直上升，只要出現風吹草動，股價一定馬上下跌，因為他們禁不起股價下跌。一旦這些小散戶太高興、過度興奮或太沮喪，就成為市場底部或高點的線索。

投資哲學三：鬧鐘理論——克服自我情緒干擾

只要是人類，投資時都會被情緒所拖累，無論在市場循環的中庸滿足點，或者在貪婪與恐懼的兩個極端，沒有不受影響的。如果能夠知道自己處於情緒鐘擺的哪個點，就能轉化自己的情緒，成為《星艦迷航記》裡冷靜的史巴克先生（Mr. Spock），就能夠在投資的世界裡占盡優勢。

葛洛斯的第一個方法是從觀察全球和美國經濟三年展望開始，投資管理學上稱之為「由上而下」（Top-Down Process），從這個長期展望出發，之後的所有投資決策都源於此。以三到五年長期觀點為基礎，然後根據產業循環調整資產配置，比較容易讓理性的研究和努力工作主導投資，而非情緒擾亂。

第二個方法是投資共同基金。當我們無法直接掌握投資對象時，情緒比較不受影響。第三個可以消除投資情緒的方法是機械式分散投資，好比定期定額。其次，設定自己的投資鬧鐘。每個投資人心裡都有專屬的投資鬧鐘，時間一到就叫醒投資人，催促他們下投資決定。

按照多數人的生活作息，早上六點應該是起床的最佳時間，我們也設定最佳投資時間在六點，換言之，投資鬧鐘應該在六點叫醒你。現在問題在於，因為我們混雜著貪婪與恐懼的情緒，鬧鐘通常不會在六點鐘叫醒你；許多投資人都買高賣低，最後就被恐懼洗出市場，此時就是市場底部。

第一種會被洗出場的投資人，就好比到九、十點才起床，他們因為賣得太晚不可能賺錢。然而，夠聰明的投資人總是在市場剛要下跌時就出場；第二種被洗出場的投資人就剛好相反，總是太早買或賣，他們的鬧鐘在三點鐘就響起。儘管早起的人依然可賺到錢，但早起的這三小時中間，也可能發生許多事情影響投資人的方向，導致損失。

每個投資人都有個心理鬧鐘，祕訣在於何時響起，以及怎麼調整。響得太晚，你該換個鬧鐘、重新出發；響得太早，記得多按幾次，直到六點來臨。正如李佛摩所說，看緊你自己，用一連串練習，想辦法讓自己醒來的時間接近六點鐘。過去葛洛斯都在實行這些方法，但人總是不完美的，很難用得剛剛好，但或多或少得到成功。

綜上所述，記得投資是一門心理藝術，所以降低「自我」意識是最安全的投資方法。專注三到五年、由上而下的長期趨勢，一旦自我情緒浮現，便能重新校正回歸正途，並調整投資鬧鐘，有助於日後投資的每一天，都在正確時間醒來。

投資哲學四：賭徒理論——贏面大時要勇敢下注

職業撲克玩家家在二十一點時，技巧性的運用了記牌系統，如果你知道已經發出哪些牌，就可以算出現在是玩家還是莊家贏面大。多數時候都是莊家贏面大，但是一旦出現玩家贏面大的機會時，就要下大注。如果你不趁機會有利時下大注，莊家就會把你贏光。

然而，抓住下大注的機會並非穩操勝算。有時莊家還是贏，通常如果有五二％機率可以下大注，剩下的四八％你還是會輸得一乾二淨。所以聰明的人了解這種現實，就知道即便在機會來時，也不要把手裡全部的錢孤注一擲在一把牌上，否則結局會相當悲慘。

所以，當機會有利於你時，下大注，但不可把所有的錢拿來下注，這稱之為「賭徒破產」（Gambler's Ruin）或「分散布局」（portfolio diversification），永遠保留最高賭注五十倍的錢。在PIMCO，風險管理是最高原則。

用在實際投資上，當你真的有很好的投資想法，而且也花時間做過功課了，就要對自己研究後的結果有信心，就該付諸實現且下大注，即便並非絕無風險。如果你的投資組合有五十檔股票，或超過十檔基金，都太過分散。投資要集中，但不要把所有的錢孤注一擲。

在個人投資組合上，不應該只單獨投資在股票、債券或房地產之中的其中任一項商品

（除非自住），而該是投資在股票、債券和房地產的組合配置，而且應該隨著年齡、經濟條件和風險承受度有所不同。如果你只有單一投資，好比只有股票、沒有其他的投資標的，最好把投資時間拉長，也要有面對短、中期市場波動震盪的心理準備。

比爾・葛洛斯的投資心法

- 挑對最佳時間再出手。
- 等待期：保留現金。
- 提早進場型： 進場太早，須忍受市場波動對資產的短期影響。
- 進場點剛剛好：買低賣高，風險最低、報酬最好。
- 太晚進場型：買高賣低，市場風險最高，資產受傷嚴重。
- 把資金集中在有把握的選擇上。
- 過度分散：花同樣時間投資，報酬率卻低。
- 過度集中：雞蛋放在同一籃子裡，風險太高。
- 適度分散：當市場機會來時可下大注，報酬率佳。
- 即便下大注，也不可把所有的錢拿來下注，要保留最高賭注50倍的錢。

Chapter 11

馬克・墨比爾斯

憑「感覺」選股，
大膽投資新興市場國家

Mark Mobius

一架十三人座的墨西哥灣流四型噴射飛機上，安全帶燈號亮起，飛機緩緩飛行，準備降落在巴西聖保羅國際機場（GRU）。機上乘客個個忙碌地收拾桌面上的文件和書本，準備在飛機停穩後就衝出機門。機上一名光頭男士，兩眼炯炯有神地環顧機上同僚，時而望著窗外這個他已數不清來過幾次、名列「金磚四國」（BRICs）之一的南美熱情之都。

他，是富蘭克林坦伯頓（Franklin Templeton）新興市場研究團隊總裁，在投資界被稱為「新興市場投資教父」的墨比爾斯。

跨領域求學，從經濟到藝術全通

被稱成「光頭雄鷹」的墨比爾斯，除疫情期間總像個游牧民族般，一年三百六十五天至少有兩百五十天不是在參觀行程的路上，就是在飛機上度過。他幾乎常年以飯店為家，永遠都在工作。他像繞著墨比爾斯紙帶（編按：Mobius strip，一八五八年德國數學家墨比爾斯發現，只要把一條紙帶扭轉一百八十度，再首尾相黏，就能製造出墨比爾斯紙帶）一樣，永不停歇地繞著全球新興發展地區跑，找尋最具潛力的投資機會。

在基金業備受矚目的墨比爾斯，從小立志當導演，從沒想過五十歲後會成為投資界的明星、全球新興市場的領航者。

墨比爾斯的父親是德國人，原本在一艘往來於地中海和紐約的船上當廚師。有一次到紐約，他下船走走，就決定留在紐約定居。一九二八年，他娶了來自波多黎各的瑪莉亞，婚後入籍美國。一九三六年，墨比爾斯出生於紐約漢普斯坦鎮（Hempstead）。

墨比爾斯父母很喜歡音樂，從小就讓墨比爾斯三兄弟學習樂器，演奏樂器成為一家五口和樂融融的娛樂活動。墨比爾斯從小學彈鋼琴，大學主修藝術，年輕時還想當劇場導演和電視導播。由於父母均來自異國，從小墨比爾斯就生活在美國、德國與西班牙的多元文化環境中，因此接觸不少新鮮事物，正好滿足他的好奇心。

墨比爾斯的母親一直深信自己是偉大的航海冒險家哥倫布的後代，或許是家族傳統，造就墨比爾斯堅強獨立、不受傳統窠臼束縛，以及強烈追求自由的開創性格。

事實上，墨比爾斯興趣廣泛，也相當勤奮好學。翻開他的求學史，正符合蒙格對「跨領域學習」的要求：一九五五年墨比爾斯拿到波士頓大學獎學金，潛心學習藝術；畢業後進入威斯康辛大學主修新聞和傳播；一九六一年又在新墨西哥州大學拿到臨床心理學學位；之後到麻省理工學院念經濟學和社會科學，並取得政治經濟學博士學位。

不只求學歷程多彩多姿，墨比爾斯的打工兼差經驗也相當豐富。他曾在俱樂部彈奏鋼琴、當過廣播電台研究員、電視節目製作助理、廣告公司研究分析師、精神科助理、政治科學顧問、國際研究協會的諮商研究協調人等。

雖然一路走來，他和表演藝術及新聞工作的志願一再擦肩而過，但在學術領域一路深造，在社會、心理、藝術和新聞、政治等各方面的研究，給了他很多嘗試新題材的研究機會，無疑為往後人生道路扎下最堅實的根基，也結下了他五十歲之後和新興市場的緣分。

深耕亞洲四十年，曾在台任投信總座

一九六〇年代，墨比爾斯拿到一筆獎學金，到日本京都大學做研究，讓他從此愛上了日本和亞洲，往後許多人生歲月都在亞洲度過。

一九六七年，他以孟山都化學公司的市場研究員身分，首度來到香港進行產品行銷工作，當時正值中國文革的混亂時期，派駐香港工作的外國人個個人心惶惶，紛紛撤離，但墨比爾斯的冒險家性格，讓他選擇留下來。

兩年後，一九六九年，喜歡做研究的他，在香港開了一家墨比爾斯研究公司。有一天一位女士找上門，希望墨比爾斯能在香港做史奴比玩偶的代工生意，沒想到這個生意，讓他賺到人生的第一桶金。

由於當時玩具需求很大，連倉庫都不夠用，墨比爾斯的助理就把貨品堆放在他家裡。有一次墨比爾斯從韓國做研究調查回家，疲累不堪、倒頭就睡，到了半夜卻被熱醒，原來滿屋子玩具碰上乾燥的天氣引發大火，在睡夢中驚醒的他頭髮幾乎被燒光，幸好他及時醒來滅火，才未釀成大禍。

隔天，墨比爾斯氣急敗壞地向助手興師問罪，他的助手傅先生卻哈哈笑說：「大難不死、必有後福，而且中國有句俗諺說『十個禿子九個富』，你一定會大富大貴！」沒想到這段話打消了墨比爾斯的怒氣，還讓他從此改剃光頭，「光頭」造型成了他四十年來的金字招牌。

事件過後，墨比爾斯思考，雖然做玩偶代工生意可以賺快錢，但他不喜歡製造業繁瑣的經營，畢竟研究調查工作才是他的最愛，於是他斷然決定割捨賺錢的金雞母，回歸調查研究的本業。

一通電話，從此成為新興市場教父

當時正逢一九八〇年代，包括中國在內的亞洲經濟逐漸起飛，吸引全球資金目光，而通往中國門戶的香港正是國際熱錢的第一站。一九八〇年，墨比爾斯獲國際券商唯高達（Vickers da Costa）任命創設香港分公司，也擔任這家公司的董事；三年後再被派到台灣創立分公司。

當時台灣在證券和共同基金市場還是處女地，而正巧台灣第一家、也是當時規模最大的國際投信公司外籍總經理離職，國際投信就挖角台灣唯高達的墨比爾斯接任總經理，他從此和台灣金融業結緣。

一九八七年某一天，墨比爾斯接到一通電話，從此人生大轉彎。

由於當時工業國家開始到開發中國家投資設廠，在國際金融業界主導下，以「新興市場」名詞，取代以往「第三世界」或「低度開發國家」對這些國家和地區的稱呼。而國際知名的全球投資先驅坦伯頓爵士（John Templeton）在一九八七年二月募集全球第一檔新興市場

馬克・墨比爾斯大事紀

年分	歲	事件
1936	0	出生於紐約漢普斯坦鎮
1955	19	拿到波士頓大學獎學金，主修藝術學
1959	23	進入威斯康辛大學，取得新聞和傳播碩士
1961	25	在新墨西哥州大學拿到臨床心理學學位；擔任廣告代理商BBDO的研究分析師
1963	27	以1000美元開始投資
1964	28	取得麻省理工學院政治經濟學博士學位
1967	31	第一次到香港，之後定居30幾年
1969	33	在香港成立墨比爾斯研究公司；成為玩偶代理商
1983	47	成立唯高達台灣分公司；被挖角出任台灣第一家投信——國際投信總經理，成立台灣第一支基金國際ROC基金，並擔任基金經理人
1987	51	加入富蘭克林坦伯頓基金公司，擔任坦伯頓新興市場基金經理人
1992	56	獲選英國《週日電訊報》年度投信經理人風雲人物
1993	57	榮獲晨星頒發「年度最佳封閉型基金經理人」
1994	58	美國CNBC電視網稱其為「年度商業資金最佳管理者」
1997	61	獲《路透社》票選為「年度最佳全球基金經理人」，1998年再度蟬聯
1998	62	美國《Money》雜誌選為「全球十大投資大師」之一，1999年再度蟬聯
1999	63	獲美國《紐約時報》評選為「二十世紀十大頂尖基金經理人」；出版《投資護照》
2001	65	獲《國際貨幣市場》雜誌選為「最佳新興市場股票經理人」
2006	70	由《亞元》雜誌選為「最具權勢和影響力的百大人物」之一

年分	歲	事件
2010	74	獲獎為「非洲投資」平台的「非洲投資者指數系列大獎」得獎者
2011	75	獲選《彭博》第一屆「五十大最具影響力人物」
2016	80	卸下富蘭克林坦伯頓新興市場團隊投資長職務，改任新興市場團隊主席
2017	81	榮獲《全球投資者》雜誌頒發「資產管理上的終生成就獎」（the Lifetime Achievement Award）
2018	82	從富蘭克林坦伯頓基金公司退休後，與前同事Carlos von Hardenberg和Greg Konieczny共同創辦「墨比爾斯資本合夥公司」（Mobius Capital Partners）
2021	85	出版《通膨的真相》
2022	87	3/2接受福克斯商業頻道（FOX Business）專訪時，警告：「自己上海戶頭的錢無法匯出，中國似乎正在限制資本外流，投資人務必當心。」不過，3/7回覆香港《明報》問題表示，資金匯出問題已解決。3/9接受彭博電視台專訪時，透露「台股目前是我們最大的資產配置」，同時鑒於美國和中國在導體研發和生產方面投入鉅額資金，所以對半導體產業前景十分看好

基金──坦伯頓新興市場基金，自此引領新興市場風潮。但由於坦伯頓已高齡七十五歲，不適合再上前線操盤，在打聽到已在亞洲工作超過二十年的墨比爾斯後，打了通電話給他，邀請墨比爾斯出任該基金經理人。

以前墨比爾斯在麻省理工學院博士班研究的主題，正是經濟發展程度不足的開發中經濟體。包括當時的台灣在內，這些土地占世界七七%、人口占世界八六%，經濟產出卻只占全球二三%的低度開發國家或開發中國家，還沒有被投資市場所重視。

而墨比爾斯在香港開設研究公司時，負責研究亞洲國家的文化與社會發展，協助歐美企業進軍新興亞洲市場。當時有幾十萬美國大軍困在越南，他受託研究越戰，因此能親眼觀察並參與東南亞國家的經濟問題。

接到坦伯頓的電話，墨比爾斯確認「新興市場的時代來臨了」，這是他的機會！而過去的教育背景、專業知識和扎實的研究經驗，讓他準備好抓住這個改變一生的大機會。

不料一九八七年十月十九日，黑色星期一，美國道瓊工業指數狂瀉五百零八點，創下二二%的二戰後美股最大單日跌幅，才擔任基金經理人八個月的他，所管理的基金淨值一夕跌掉三分之一。

但看過港股兩次崩盤的墨比爾斯，深諳危機入市的道理，大膽逢低買進。加上長期深耕亞洲等開發中市場，憑藉著過去深入而專精的研究，讓墨比爾斯在全球新興市場的分析研判精準而領先，這也使得他掌管的全球新興市場基金績效一直非常出色。一九九二年，他為投資人帶來一〇〇％的報酬率，獲得市場高度肯定。

年逾七旬，仍每年拜訪上千家公司

他的敬業和努力，連年獲得國際基金評比機構標準普爾、晨星，以及ＣＮＢＣ、路透社等媒體的好評，獲獎無數，例如「年度最佳封閉型基金經理人」、「最佳新興市場股票經理人」、「年度商業資金最佳管理者」、「全球十大投資大師」、「二十世紀十大頂尖基金經理人」、「五十最具影響力人物」等殊榮。

墨比爾斯儼然成為「全球新興市場」教父，美國《財星》雜誌曾報導說：「墨比爾斯出現在哪個市場，就代表那裡是下一個主要市場。」而他領軍的富蘭克林坦伯頓新興市場研究團隊，從一九八七年成立以來，歷經景氣多空循環洗禮，仍日益壯大；後來在全球二十個國家設立研究辦公室，團隊成員包括二十六國人士，精通二十七國語言，分析師一年平均訪問公司次數超過兩千次。雖然二〇一六年四月已經卸下投資長職務，但他仍舊擔任新興市場團隊主席，也經常針對新興市場的投資概況發表看法，在新興市場投資領域仍有強大影響力。

其實，墨比爾斯二十七歲才接觸投資市場。一九六三年在麻省理工學院攻讀博士時，墨比爾斯曾撰寫有關通訊衛星的論文。當時美國政府發展衛星通訊已漸趨成熟，必須決定由美國電話電報公司或另一家獨立的公司經營，結果甘迺迪政府決定交給一家通訊衛星公司（ＣＳＣ）經營，之後並推動這家公司在紐約證券交易所掛牌上市。

墨比爾斯在深入研究相關法案和CSC之後，決定投資一千美元，沒想到初試身手就賺了很多錢。這個投資初體驗讓他發現買賣股票的快樂，也激發墨比爾斯研究股票的興趣。

投資資歷超過五十年，在全球新興市場的投資領域也超過四十年，墨比爾斯一九八七年從全球首檔新興市場基金開始發跡，當年管理的一億美元資產，二十九年後已增加兩百六十倍，也發展出特有的投資哲學。

投資哲學一：投資不同市場，分散風險

一九八七年二月，墨比爾斯出任坦伯頓新興市場基金經理人，同年十月，新手上路不過八個月，就碰到美股史上有名的「黑色星期一」，股災帶來的海嘯連動全球股市大崩盤，當時港股因而休市三天，他管理的基金資產大幅縮水。

經歷過一九七三、一九八三年港股兩次大崩盤的墨比爾斯卻不擔心，因為他發現每次市場很快就大幅回升，而在幾次的大蕭條教訓中他早已學到：別把雞蛋放在同一個籃子裡，為了避開不必要的風險，就要分散投資。

不可否認，在風險極高的新興市場充滿投資機會，墨比爾斯認為，如果想要參與全球經濟最快速地區的獲利成長，就必須大膽投資新興市場國家。然而風險和報酬是相對的，風險越高、報酬率也越大，所以墨比爾斯建議，投資新興市場最重要的課題，就是「**隨時將自己的投資風險降到最低**」。

「新興國家股票市場就像一顆砲彈，它的爆炸是長期被積壓的力量所釋放的結果。」但墨比爾斯認為，你無法永遠總在正確的時間，命中正確的市場。因為新興市場就像好多個飛靶，沒有人可以說得準它究竟是會向上，還是會下墜，也就是說，要正確地拿捏進出時機，根本不可能。

但由於當時亞洲符合新興市場投資門檻的只有香港、馬來西亞、泰國、新加坡和菲律賓等五個國家，因此為了降低風險，讓投資市場更分散，墨比爾斯決心要實地去其他新興市場考察，藉由廣泛蒐集、分析資料，找到其他新興市場中更便宜的公司。

於是，墨比爾斯和他的新興市場團隊開始了全球大探險，也奠定墨比爾斯團隊在全球新興市場中，聲名遠播。

投資哲學二：進場前先審視四大要素

很多人都喜歡問墨比爾斯投資成功的關鍵，但他坦白的說：「其實沒有簡單的祕訣。」然而，以他多年投資經驗來看，成功還是「有跡可循」。他在《投資護照》（*Passport to Profits*）中指出，投資新興市場之前要「先戴上感覺（FELT）的帽子」。他所謂的感覺就是Fair、Efficient、Liquid、Transparent的英文縮寫。

他認為，凡是投資任何股票或股市之前，都要先審視股價是否合理（Fair）、股市是否有效率交易（Efficient）、股票是否具有流動性（Liquid），以及公司財務報表是否透明（Transparent）。如果這個標的符合他的「感覺」準則，他就會很興奮，如果不符「感覺」，進入這個市場就會很小心謹慎。

墨比爾斯不諱言，過去新興市場的名詞代表「渴望的幻想成分」，勝過實際的意義，因為很多新興市場或股票「沉下水面的速度，比浮出水面的速度還要快」。

以俄羅斯為例，一九九〇年代初股市才初具雛形，一九九三年墨比爾斯就進入市場，他引用英國前首相邱吉爾形容俄羅斯的政治鬥爭，是「一團謎霧裹著神祕面紗的一道謎題」，來形容俄羅斯混沌不明的投資世界。

由於當時俄羅斯政府需要大量現金，正大膽採取民營化的政策，釋出一大堆股票，俄羅斯彷彿遍地黃金，墨比爾斯隨時可以用少量的資金買到便宜股票，但是墨比爾斯仍依循FELT法則一一檢視，在各產業中找出最優秀的企業，一直到一九九七年俄羅斯股市出現狂潮前，他已經開始獲利出場。

事實上，墨比爾斯謹守FELT，是希望投資公平、有效率、具有流動性，以及資訊透明的市場和股票。他認為，不只投資股票，投資共同基金也同樣適用這個準則。

投資哲學三：堅持實地訪查，觀察細節

比起很多投資人憑電腦跑出來的數據選股，墨比爾斯更相信自己的眼睛，他採取「由下而上」（bottom up）的投資策略，墨比爾斯堅持要親自拜訪公司，不辭辛勞地長途飛行，就

馬克・墨比爾斯的「FELT原則」

「感覺」對了，才能買股票——

投資前，墨比爾斯會謹守「FELT」原則，尋找公平、有效率、具有流動性，及資訊透明的市場和股票。若不符「FELT」，就要很小心謹慎。

- ☑ F — Fair：投資之前先看看股市、股價或淨值是否合理
- ☑ E — Efficient：投資的標的或市場是否有效率交易
- ☑ L — Liquid：檢視股票或基金有沒有流動性
- ☑ T — Transparent：這家上市公司或基金的財務報表是否透明化

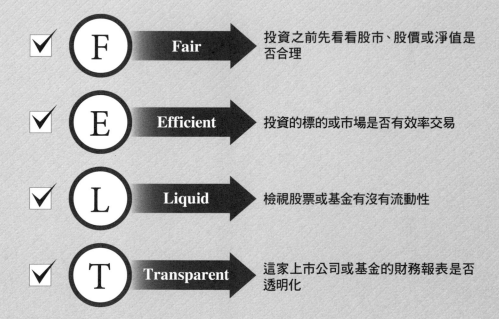

是要實地參觀，眼見為憑。

墨比爾斯做事的原則是：專注分析。雖然他常常只看重點，不拘細節，但在某些情況下，則會很詳細深入。事實上，墨比爾斯的觀察，是當他走下飛機、一踏上新國度的柏油路面，或是漫步走過機場大廳時，就已展開。

觀察重點一：從進該國國門開始。他會觀察外國人是否被允許進入這個國家；通關時，和海關人員發生爭吵的激烈程度。因為他認為，讓旅客通關便利的國家，較可能對外資也採取友善的態度。

觀察重點二：檢視真實世界情況。當進入一座城市時，住進飯店或在附近散步、購物、搭計程和司機聊天，他都會從中仔細觀察。他說，例如城市道路和高速公路的交通狀況，就是研判該國經濟效率非常有用的指標。

十幾年前，墨比爾斯在南韓的首爾等紅綠燈時，看到一位不算很體面的年輕計程車司機，正拿著行動電話在講話。在那一瞬間，他發覺「數位傳輸」在開發中國家非常有潛力，而且發展的費用比固定式電話線路來得便宜，因而嗅出投資的商機。

在全球走透透的行程中，墨比爾斯記得有一天，小組一行人連午餐都沒空吃，就連續拜訪六到八家公司。他們參觀工廠、巡視發貨中心，問了很多問題，也得到想要的答案。他堅信，「經營團隊的素質，是投資選股的最高標準」，親自拜訪才能接觸到經營階層，才有辦法分析對方的經營企圖、努力的目標和意願，最重要的是，可以了解他們面臨的困難和挑戰。

當他拜訪口袋中的「觀察名單」時，感應天線就會自動升起。例如，在跟經理人握手寒暄時，他用翡翠綠的眼睛掃描對方的辦公室、辦公設備、地毯、衣著，甚至辦公室窗外的景色，因為這些都可以用來判斷這位經理人是否能縱觀全局，還是被周遭事物所支配。

投資哲學四：人棄我取，敢逢低買進

一九九一年，坦伯頓基金公司在日本募集一檔印尼基金，當時印尼股市高漲，墨比爾斯嗅到泡沫即將破滅的氣氛，熱潮就如大崩盤前的態勢，他很難在一大堆股票中找到便宜的股票，遲遲沒有進場，投資人不斷催促他趕快進場，但他堅持不為所動。

沒想到不久後，印尼股市真的大跌，且幾乎跌到谷底。他認為市場和股價都在崩盤，進場的時機到了，堅持逢低買進，而先前催他買進的投資人，又急著要他不要買，趕快賣。結果那一波，坦伯頓旗下的印尼基金績效領先群倫，而從頭到尾，墨比爾斯一句話都沒說，沒人虧錢也沒人感謝他。

當所有的人都悲觀時，通常是墨比爾斯開始轉為樂觀的時候。他堅持，如果股價重挫而投資價值浮現時，就要趕快進場建立部位。他說：「當每個人都想進場時，就是出場時點；當每個人都急著出場時，就是進場時點。」

墨比爾斯「人棄我取」的投資策略，也發生在一九九七年的泰國。一九九七年市場大量放空泰銖，泰國貨幣危機引發亞洲金融風暴，也波及俄羅斯及全球各地市場。當時泰股市值從亞股最熱時的一千三百三十億美元，暴跌到只剩下兩百二十億美元，四百多家上市公司中，有四成瀕臨破產。當時所有投資人都想「落跑」，但墨比爾斯認為國際貨幣基金（IMF）為了防止泰銖進一步貶值，已撥款一百七十億美元，因此猜想泰國的金融情況不會繼續惡化。

他還發現有不少股票體質不錯，正是藉著價格被低估、便宜買進增加持股部位的大好時機，於是他大膽加碼，並深信「股價越往下跌，買到越多便宜的股數」，果不其然，泰股自一九九八年八月低點開始反彈後，短短一年內就漲超過一倍以上，讓他的投資績效大幅領先大盤和同業。

「每次崩盤就是大漲的開始」，墨比爾斯永遠堅信，壞時機也可以是好機會，就像投資人要永遠懷抱信心，扎扎實實地研究市場，做好分散投資的準備，等待好機會，冷靜沉著地大膽買進，就不可能變成輸家。

墨比爾斯在新興市場成功的關鍵，在於他的勤奮研究，尤其一定要親自拜訪這些公司。他平均一年拜訪超過一千家公司，旗下的團隊分析師一年也要拜訪兩千家公司。由於經常搭著價值兩千萬美元的私人飛機穿梭世界各地，他笑稱，如果搭乘飛機的旅程數可以兌換免費航程，他早就免費換到往返月球的機票。

二〇一六年四月，墨比爾斯終於交棒，但是年過八旬，仍舊會在媒體上看到他對新興市場的精闢見解，正如「新興市場」給人的聯想，墨比爾斯總是朝氣蓬勃，透過堅實的分析，伺機抓住新興市場的充滿無限機會的商機。

馬克・墨比爾斯的投資心法

- 在很壞的時機要買進績優的股票，在很好的時機要買進投機的股票。
- 要買進那些股價正在下跌的股票，而不是正在上漲的股票。
- 新興市場金融風暴中，最先遭受衝擊的國家，通常也是率先復甦者。
- 買進流動性不高的股票，就像抱著一顆炸彈。
- 巨幅震盪的波動特性是所有股票市場的特徵，即使是最成熟的市場也不例外。
- 由下而上的方式，挑選公司，不是國家。
- 股票持有時間越長，風險越分散。
- 每次崩盤就是大漲的開始。
- 能保護你投資的最佳護身符，就是分散你的投資標的。
- 不管是在多頭市場或空頭市場，你都可以找到便宜的股票。
- 找出未來五年獲利展望看好、且價格低廉，有成長潛力的市場或股票。
- 分散投資——要有許多雞蛋和籃子。

Chapter 12

安德烈・科斯托蘭尼

德國總經投資人
靠人心和資金變數，看清市場

André Kostolany

他沒有股神巴菲特旗下的波克夏集團大軍，卻能與股神平起平坐；也沒有債券天王葛洛斯千百人的研究團隊，但只要他動口，全球市場皆側耳傾聽；他不像投資大鱷索羅斯，會在各地發動貨幣戰爭，但當他一派優雅提出某國貨幣被錯估時，沒有一個政府敢掉以輕心。他是科斯托蘭尼，古往今來的大師中，少數不打團體戰，特立獨行的散戶投機家。

一九〇六年出生於匈牙利，他在十三歲就靠貨幣套利賺下生平第一筆投機財；二十一歲踏入證券業；三十歲出頭便已賺到相當於目前四百萬美元（約合新台幣一億兩千萬元）的身價，不過也曾因看錯方向而破產兩次。

被封「德國巴菲特」，卻自稱「投機客」

科斯托蘭尼去世至今已逾二十四年，生前非常活躍，與股票、期貨、債券、貨幣周旋近八十年。

截至二〇一七年，根據德國國家圖書館的紀錄，科斯托蘭尼名下有十三本著作（其中兩本同時發行了有聲書），加上別人闡述其財經哲學的書，加起來超過八十二本。他的著作被譯成八種文字，在全球賣出三百多萬本；在台灣出版的遺作，至今仍熱賣。

年輕時的記者夢，致富後的科斯托蘭尼得償宿願，為德國《資本》（*Capital Heft*）雜誌寫了三十五年的專欄。他是當時電視、廣播談話性節目常客，至今在YouTube上仍可搜尋到他的談話錄影片段。一九九七年甚至為奧迪汽車（Audi）代言，在這支五十一秒的廣告短片中，科斯托蘭尼坐在駕駛座旁，悠然吐出：「您考慮一下鋁的股票吧！」這句話抓住了觀眾的心，成功讓代言商品與智慧及品味扣連一起。

一襲深色西裝、花領結、上襟別一條絹帕是他的招牌裝束，一對招風耳頗有喜感；每當他在電視上亮相，乾瘦、個頭小的他乍看彷彿被椅子包裹了起來，襯得站在講桌後的主持人特別高大。這樣的安排或許饒富寓意：科斯托蘭尼不打算隱瞞什麼，素來和盤托出自己的戰績；而且，從不避諱提及破產時一度考慮自殺。現場響起一陣陣笑聲與掌聲，他突然兩手一攤，對「德國巴菲特」的封號敬謝不敏；狡黠如他當然沒有說明理由。但他強調，「投機客」才是自己喜愛且珍視的身分，這時誰都看得出他全身上下流露著自負與自信。

科斯托蘭尼靠股市等交易累積的財產令人生羡，當然也招人忌，擁護者稱他為股市教父中的教父；反對者則認為他的經驗不足取，因為他曾經破產兩次、債台高築，而版稅與專欄稿費更勝他在股市投機所得。

利用美股大崩盤，賺進第一桶金

無論演講時的開放提問，抑或上廣播電視對談，都沒有人請他報明牌；大家猜想快人快語如科斯托蘭尼，應該不屑於回答這種小鼻子小眼睛的問題吧。大家比較想從他身上感染到的，是他俯看全局的闊氣，操作股票、期貨時玩味再三的心理遊戲，以及與多變數的股市交鋒，尤其崩盤時如何談笑用兵等。

長壽的科斯托蘭尼活了九十三歲，「唱反調」堪稱他的基調，成功、度過低潮、東山再起、保持不敗都與這項特質有關。因為他，「投機」一詞被重新定義，增加了深思熟慮、摸透大眾心理和趨勢，繼而逆向操作，不憂不懼等待獲利或翻盤的智慧，蛻變為一門藝術；因為他，「投機客」與張牙舞爪、短視近利漸行漸遠，從暗處從容登場，晉升為瀟灑優雅的「投機家」，所言所行隱隱然有禪機，幾乎與哲學家平起平坐。

回首科斯托蘭尼的人生路，矛盾和對立與他形影不離。一九〇六年他出生於匈牙利，雖是猶太裔卻也是受洗的天主教徒。父親是工業家，家境富裕；十三歲時，科斯托蘭尼隨家人移居維也納，在家庭和外在環境耳濡目染下，深深著迷於歐洲多種貨幣的各種變化，進而利用不同貨幣價差投資獲利，自此上癮八十年沒有停歇，第一次外匯投資的獲利是一〇%。

科斯托蘭尼在布達佩斯的大學修習哲學、藝術史，也經由學校、家庭教師和廣播，學會純正的德、法、英語，修習哲學和藝術史，立志要當散文作家；另一方面則沉迷音樂，與多位著名音樂家維持終生友誼。直至暮年，科斯托蘭尼依然無法忘情地宣稱：「音樂如宗教一般撼動我的靈魂。」

事實上，科斯托蘭尼也修了經濟學且取得畢業證書，但他視之為廢紙、藏在抽屜內，成名後絕少提及。一九二四年應父親要求負笈巴黎，在一位父執門下當見習生，學習股票營生。他的目標是當上股票經紀人，從此與證券交易所結下不解之緣。

身處花都、始終嚮往記者生涯的科斯托蘭尼，在一九二九年以「靈敏的鼻子」嗅出股市

安德烈・科斯托蘭尼大事紀

年分	歲	事件
1906	0	出生於匈牙利布達佩斯
1914	8	第一次世界大戰開始，學經濟的哥哥教授黃金、外匯與物資交換理論
1919	13	移居奧地利維也納，學習貨幣套利投資，第一次投資利潤10%
1924	18	父親送他至巴黎學習股票，自此展開他「投機」與套利的一生
1929	23	年底股市上漲至最高點時獨看壞市場，放空賺到第一桶金
1932	26	兩年內因錯誤的大筆放空，身陷龐大債務，轉任證券營業員，靠佣金為生
1940	34	於第二次世界大戰德國占領法國前，變賣家產逃至美國
1941	35	至1950年擔任G. Ballai and Cie財務公司總經理，也是主要股東
1946	40	看好第二次世界大戰後義大利經濟復甦，以150里拉買進一檔將破產的汽車股，幾個月後股價飆漲到450里拉
1955	49	融資買進美國電腦和電子股，遇到美國總統艾森豪逝世，股票重挫兩成，慘遭追繳保證金
1961	55	出版第一本書《這就是證券市場》，之後被翻譯成七國語言，自此躋身暢銷作家30餘年
1965	59	開始為《資本》雜誌撰寫專欄，直至去世為止，歷時35年，共414篇專欄
1967	61	加入黃金投機，購買一萬盎司黃金，4天後卻遇政府頒布黃金禁運令，僅小賺出場
1980	74	強烈批評金本位，認為是造成通貨緊縮的元凶
1986	80	出版《科斯托蘭尼的交易所研究課：為投資人與投機家而開》
1987	81	發生黑色星期一全球性股災，當時美國聯準會主席葛林斯班大幅降息提供流動性資金，他判斷危機解除，大量買進股票
1991	85	出版《證券心理學》
1993	87	出版《最佳的賺錢故事》
1994	88	出版《貨幣與證券市場：創造財富的藝術》
1999	93	寫下人生的最後著作《一個投機者的告白》，9月因腿部骨折引起併發症辭世

處於高點，在市場中獨採放空操作，趁股市大崩盤的頹勢賺進第一筆財富。

到了第二次世界大戰前，科斯托蘭尼因為交友廣闊、嗅覺敏銳，在希特勒逼近巴黎前變賣家產逃往美國，所有家眷也在安排下逃過迫害，散居歐陸各地安度餘生。科斯托蘭尼在充滿錢味的美國，進行所謂的「環球旅遊型」套利投資工作，利用不同價差、時間差、幣值差，在各種金融產品之間轉換買賣。

一九四六年，科斯托蘭尼剛從美國轉往義大利米蘭，決定放棄因市場需求大而股價日益攀升的紡織股，他推測人們荷包漸豐之後，應該會注重比較奢侈的享受，所以大膽買進一支瀕臨歇業的汽車股，結果不消數月就讓他賺了十倍。

另一方面，二戰中戰敗的德國一點外匯也沒有，但他看準一旦情勢逆轉，德國將再度恢復償還能力，因此毅然買下德國以美元、法郎等發行的債券。一九四七年，他在巴黎交易所以兩百五十法郎買進面值一千法郎的公債，根據一九五二到一九五三年倫敦債務協議，三年後他收到三萬五千法郎；這是他交易所生涯中最漂亮的一仗。

投資哲學一：以人與狗比喻經濟和股市

一九五〇年以後在巴黎停留時期，是科斯托蘭尼建立人生觀、金錢觀的關鍵時刻。他擔任經紀人、交易員，也開始放空投機，立志成為百萬富翁。他在這個階段闖下名聲，累積驚人財富，換算今日幣值，年收入逼近新台幣千萬元。經歷戰爭和半世紀金融危機，領悟政治和投機、投資永遠脫不了關係，放眼全球市場和標的物，成為大開大闔、以眼光和決斷為工具的大投機家。

另一方面，他又不忘潑人冷水：「如果股市投機家那麼好當，就不會有礦工、伐木工人，以及做其他重活兒的人了，人人都當投機家不就成了？」科斯托蘭尼知道，交易市場是一個逆反人性的世界，「像醉鬼一樣」，一般世俗的看法放到投資這行業都必須「反著看」。對於市場，科老有一個有名的比喻：男子帶狗在街上散步，像所有狗一樣，這狗先跑到前面，再回到主人身邊。男子優閒地走了一公里，而狗跑來跑去，走了四公里。**男子就是經濟，狗則是證券市場。長遠來看，經濟和證券市場發展的趨勢相同，但在過程中，卻有可能走完全相反的方向！**

因此，在他眼裡，想要用科學方法預測股市行情或未來走勢的人，不是江湖騙子，就是蠢蛋，要不然就是兼具這兩種身分的人。而對於技術操作，他也批評：「熱中圖表分析的分析師，都屬於著了魔的人，在我看來，閱讀圖表是一種科學方法，卻無法帶來知識。」

曾身為交易員，科斯托蘭尼不諱言：「所有的經紀人和銀行的投資顧問，都處在和客戶的利益衝突中，他們只有在成交時才能賺錢，這點對客戶而言相當不利，」因此，「我去餐廳吃飯，從不點侍者推薦的菜，因為他只想把這個菜賣出去。九〇%的證券投資建議和推薦也是如此。」

投資哲學二：人心和資金決定漲或跌

那麼投資人到底該依據什麼判斷行情，科老說，身為投資人必須用腦思考，還要懂得和電腦及發神經的股票族保持距離。「最準確的內線消息，在某些情況下肯定是壞事。」但如果出現根本性變化，例如戰爭、重大的政治、經濟或金融決策、政府輪替等無法預料的事，迫不得已還是必須放棄昨日還非常喜歡的股票。

面對詭譎多變的市場，他用「極簡」的態度處理最複雜的事務。他認為，決定所有交易**市場價格起伏的只有兩個變數：一是人心、二是資金，是這兩個變數交替作用，決定了市場的起落。**所有市場，不論交易標的為何，股票也好、債券也罷，甚至是原物料、貴金屬，最後決定買賣的主體都是「人」，「人」才是決定價格的最重要因素。「對我而言，技術狀態只和一個問題有關：股票掌握在什麼人手裡？」

投資哲學三：固執型VS.猶豫型投資人

科老說，投資者分成兩類：固執的人（投機人士和投資者）和猶豫的人（證券玩家）。長期來看，只有固執的人才是證券市場中的勝利者，他們的獲利是由猶豫者所支付的。投資要成功，就必須當個固執的投資人，有勇氣在眾人搶股票時賣股票。當大家都不要股票時，大膽買進；當眾人搶購時，從容賣出，逆著人類一窩蜂的心理，在「槍炮戰火中買進，在悠揚音樂中賣出」，才能摸懂市場起落的道理。

「**固執的投資者須具備四種要素：金錢、想法、耐心，還有運氣。**」而當問起一個優秀的投機家需要具備哪些特質時，科老的回答是：敏銳的洞察力、直覺和怪念頭。敏銳的洞察力指的是了解事情的關聯，並且從不合邏輯的紛亂中理出邏輯；直覺也是長年在交易市場取得的經驗和生活經驗；而怪念頭可以使人把一件事和所有可能的事情放在一起考量，包括好事和壞事。

此外，也必須具備自我控制力和靈活性，以便坦承我們弄錯了。另外，優秀的投機家在想法成真之前，又必須耐性十足，心臟很強，仔細思量每一次的成功與失敗，對這些事件的結果心懷感激。當他獲致成功，絕不可乘勝追擊，反而要謙卑低調。千萬不可吹噓自己的成就，因為正如許多長年進出市場的人所堅稱：從市場賺來的錢只是借來的，下一次就得付出高昂的利息償還。市場就像放高利貸的人，投機家無論成功或失敗，都必須從中學到東西。

那投機客最差勁的特質又是什麼？答案是：頑固、冥頑不靈。但當發覺自己犯了錯，就必須當機立斷，然後跳船。「進出市場的人和醫師一樣，首要之務是診斷。市場為什麼下跌或上漲？一旦發現走錯了方向，就必須修正行動。」這一如醫學被形容為治療的藝術。科老指的並非一百元買進跌到九十元的那種錯誤，而是「在論述的結構中發現錯誤，或者注意到有一個戲劇性、出乎意料的事件出現了，所以優秀的投機家要將無法估計的東西納入考量」。而科老建議投資人：應該反週期操作，不考慮股市大眾的想法。

安德烈・科斯托蘭尼的「雞蛋理論」

人，才是影響行情的關鍵

投資者分為兩類：固執的人及猶豫的人，每一次行情的漲跌由這兩類人操縱。完整的市場循環分三階段：修正階段、相隨階段及過熱階段，而決定階段進程的，不是景氣，而是看籌碼握在誰的手上。

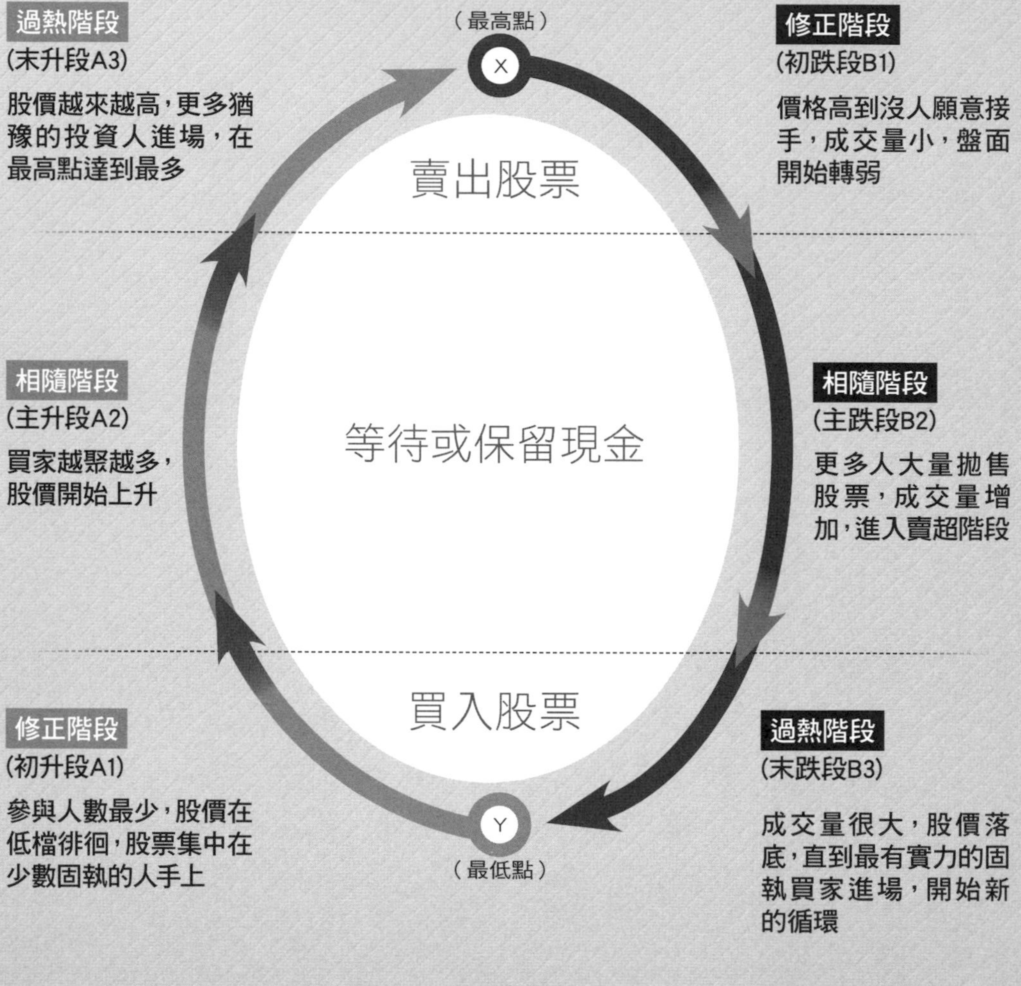
過熱階段
(末升段A3)
股價越來越高，更多猶豫的投資人進場，在最高點達到最多
（最高點）
X
修正階段
(初跌段B1)
價格高到沒人願意接手，成交量小，盤面開始轉弱
賣出股票
相隨階段
(主升段A2)
買家越聚越多，股價開始上升
等待或保留現金
相隨階段
(主跌段B2)
更多人大量拋售股票，成交量增加，進入賣超階段
買入股票
修正階段
(初升段A1)
參與人數最少，股價在低檔徘徊，股票集中在少數固執的人手上
過熱階段
(末跌段B3)
成交量很大，股價落底，直到最有實力的固執買家進場，開始新的循環
Y
（最低點）

投資哲學四：大小浴缸間的資金流動

科斯托蘭尼認為，公司體質好壞，不是決定下跌或上漲的最重要理由，所有市場的漲跌都是由需求或供給的強度來決定：需求大於供給，市場就上漲，反之就下跌。所以，想要投資股市，必須分析供給或需求。

做投資決策時，科老通常先看流動資金水位，短時間內的流動資金可以透過觀察央行的決策、大型銀行貸款策略的走向，找到資金流向的線索。他以自己熱愛的音樂來比喻，股市就像匈牙利的吉普賽街頭藝人一樣，不斷重複：「不給錢，就沒音樂！」**金錢就是股市的音樂或燃料**。

想像有一個大浴缸和一個小浴缸並排陳列，大浴缸代表整體經濟成長產生的資金，小浴缸則為注入到股市的資金。經濟成長會帶來存款增加、外匯流入、貿易收入增加，以及外國資金流入，代表資金供給面的水大量流入大浴缸中。若此時私部門及公部門投資減低，資金需求面相對減緩，整體資金進入大於流出，大浴缸內的水平面會上升。當水溢出來時，就流到小浴缸，也就是股市，然後把行情往上拉；一旦反過來：水注入大浴缸裡的流速比流出掉得慢，就沒有水留給股市這個小浴缸，行情於是下跌。所以，應該密切注意大浴缸的水位。

從投資的角度來看，猶豫的投資人雖然希望以較高的價格出售股票，但如果缺乏更多的人跟進，股票價格就會下跌，賣不到好價錢，他們只好降價求售；接著，一個新的、慢半拍的買家階層就可能登場，尤其是政府受發行鈔票銀行的協助，透過不同管道（稅負及其他政策），資金持續注入經濟活動中，金額超過工業和經濟發展所需，資金就會有更多水從大浴缸溢出，流入小浴缸中。

如果成交量持續增加，價格仍舊下跌，猶豫的投資人就會以低價全部出清手中持股，股票從猶豫投資人的手上再度轉回固執投資人手中，再次抵達固執投資人的保險庫，直到日後市場價格上揚為止，然後向上運動重新開始。

行情低迷時，固執投資人持有有價證券，猶豫投資人則握有金錢；繁榮興盛到達頂點時，固執投資人有錢，而猶豫投資人有有價證券。現金與有價證券之間的擺來盪去，就是股市永恆的循環。

反對炒短線，鼓吹「安眠藥理論」

他苦口婆心提醒想在股市一圓發財夢的人，他所投資的股票中有四九％賠錢，所以，他住得起華屋，品嘗美酒美食的同時，尚有餘力蒐藏骨董及珠寶等。他所依靠的僅僅是那賺錢的五一％，而鑑別其間的區別，須具備三項特質：敏銳的洞察力、直覺、怪念頭。

他反對盲從，也反對炒短線，追高殺低、賺取微薄價差之輩與賭徒無異，他將之歸類為證券玩家。

他把投資者概略分為「固執」、「猶豫」兩類，兩者重疊之處不少。據他分析，前者會漸漸變得搖擺不定；後者卻鮮少轉變，因為積習難改，「除非經過一段很慢、極其緩慢的訓練期」。固執的投資者略勝一籌，因為他必備的四個條件：想法、耐性、錢、好運，致使他：一、不人云亦云；二、不因手上的有價證券跌了或原地踏步而失去耐心；三、他用來投資的錢為他所有，而非借貸；於是，四、若好運道加持，想不賺錢也難。

這四個要件中耐性居首，因為「在交易所裡賺的是痛苦的錢，先有了痛苦，之後才會賺錢」，他用「二乘以二不等於四，二乘以二等於四減一」來為「痛苦的錢」下定義。

另一種安全的方式，是他常常鼓吹的長期投資，亦即詼諧的「安眠藥理論」：買一張股票（績優股或後勢看好的股票），然後去藥房買一堆安眠藥，吃下去，大睡十年，驀然被鬧鐘叫醒，驚喜發覺：哇，賺錢啦！

科斯托蘭尼還有另外一個本事，拜從小生長環境與股市生涯之賜，他能夠靈活運用四種語言。他如此自我描述：每天晚上用匈牙利語向上帝禱告；與銀行家打交道時說英語；用德語授課；和朋友談天說地時，輪到法語上陣。

話鋒一轉，不改插科打諢的科斯托蘭尼眨眨眼睛，故作神祕說：「這四種語言當然也有同時派上用場的時候。」

「什麼特殊時刻呢？」聽者忙問。

「哦，」科斯托蘭尼要笑不笑，答道：「和女士們聊天呀！」

他又在開自己玩笑了，雖然他針對投資和投機所發表的心得語驚四座，頻頻攻占小報版面，然而這輩子他不曾鬧過緋聞，與妻子鶼鰈情深。

話說回來，科斯托蘭尼在「全球化」這個議題被炒熱，並且蔚為只容前進、後無退路的世界潮流之前，就認為證券交易已經跨越了國與國、洲與洲之間的藩籬；換言之，搶先一步全球化了，也難怪他會為自己掌握語文之利器而沾沾自喜。

晚年病體虛弱，仍預言網路泡沫

一九九九年夏天，科斯托蘭尼跌了一跤，骨折迫使他以輪椅代步，行動受限使他意氣消沉。歲月開始和他結算，他在慕尼黑的鄰居早幾年就注意到他氣色大不如從前，而他虛榮心不滅，偶爾頑皮地少報兩歲。

與他共同創立慕尼黑資產管理的凱費達・赫樂（Gottfried Heller）來探病，被牢牢固定在輪椅上的科斯托蘭尼看到老友，病容及疲憊一掃而光，有如一股電流通過，剎那間往昔的光彩與稜角重現；他掙扎著想站起來，急切地唱反調，警告茫茫然的大眾，不斷買進小型網路公司股票，只會烘抬那些根本不賺錢企業的股價，他預言：「將有一場浴血戰！」

一九九九年九月科斯托蘭尼因骨折併發症，永遠離開了他心愛的證交所。「我們想念他的機智、精明與親切，而且我們想念，他，這個人。」ECON出版社的負責人如此道來。

的確，他獨到的見解及特立獨行仍在人世間迴盪，將他大去之前的諍言聽進去的人，避免了網路泡沫化引起的一場股災。

他是有良心的投機家，自己在股市衝鋒陷陣，享受投入風險的樂趣，但他不厭其煩灌輸我們買股票是聰明投資的概念，特別是為退休後的生活而準備。他從不錯過任何高唱「有點兒餘錢的人都應該買績優股、然後長抱」的機會。

科斯托蘭尼曾因衣食無虞隱退兩年，終究耐不住寂寞重出江湖，又在慕尼黑的咖啡館開講，連販夫走卒都競相聽他暢談投資學，也在德國、奧地利等多所大學成為熱門的客座教授。

科斯托蘭尼自己無兒無女，但他是父母投資教育的成功案例，職是之故，他有能力在共產主義進駐匈牙利時，把雙親接到瑞士安享晚年，也因此更關心教育。對於年輕的父母，科斯托蘭尼總是告訴他們：投資小孩的教育是最好、最安全也最高貴的投資！

一生出入全球七十八個交易所，歷經兩次世界大戰、數次股市崩盤和石油危機，二十世紀所有的通膨、緊縮、升值、貶值都深刻記在腦中，科斯托蘭尼用自己的財富告訴世人，只要貫徹幾個簡單的想法，就能在雜音四處的交易市場中找到主旋律，交易所也就能從殺聲震天的賭場變成充滿美妙音樂的樂園，再加上資金、耐心及堅強的心臟，一個散戶或許比專業法人更有機會成為自由支配時間及財富的貴族。

科斯托蘭尼用一則故事解釋自己所擁有的判斷力。年輕時學開車，教練告訴他，再怎麼學，他一輩子也開不好車。科斯托蘭尼非常驚訝問：「為什麼？」教練說：「因為你的眼光總是在引擎蓋上，你應該抬起頭，看著遠方三百公尺的地方。」經此點化，爾後他的開車技術判若兩人。同樣的道理，科斯托蘭尼也奉勸所有經濟學家，抬起頭來看遠方，不要只是喋喋不休、爭論明年的經濟成長率是否相差一個百分點。

然而，精準判斷、每戰皆捷，早年投資致富的風光，卻曾讓科斯托蘭尼發現那是他人生最晦暗的時期，因為「如果所有的親友只要有杯咖啡就滿足了，而你獨自享有更奢侈的魚子醬或香檳酒，這樣並不能帶來幸福」，這是一個投資哲學家的最終領悟。

安德烈・科斯托蘭尼的投資心法

- 決定股市走向的因素有兩點：一是資金流通量和新上市股票之間的關係；二是樂觀或悲觀的心理因素。
- 在市場亢奮階段，必須像男人從壞名聲的房子裡溜出去一樣，從後面的小門離開市場，才不致讓其他人看得到；如果不這樣，很可能受別人樂觀情緒感染，重新被捲入市場。
- 耐心也許是證券交易所裡最重要的東西，而缺乏耐心是最常見的錯誤，誰缺乏耐心，就不要靠近證券市場。
- 長期來看，短線的證券玩家永遠是輸家，而長期的投資者，不管他何時進入證券市場，都屬於贏家
- 大家必須像玩撲克牌的人那樣，在牌不好時少輸一點，在牌好時多贏一些，而且也不可每天結算。
- 投資者必須勇敢、全力以赴、明智，甚至表現得自負些，勇敢對自己說：「我知道，其他人是傻瓜。」
- 如果貨幣因素突然轉成負面，即使大勢依然看好，投機者也必須馬上退出市場。
- 有錢的人，可以投機；錢少的人，不可以投機；根本沒錢的人，必須投機。

華倫・巴菲特

《巴菲特寫給股東的信〔全新增修版〕》，華倫・巴菲特、勞倫斯・康漢寧，時報出版

《雪球》，艾莉絲・施洛德，天下文化

《巴菲特的投資原則》，傑瑞米・米勒，天下雜誌

【巴菲特教你勝券在握精選】（**《巴菲特勝券在握》**、**《巴菲特勝券在握的12個原則》**、**《巴菲特的勝券在握知道》**、**《和巴菲特同步買進》**四書），羅伯特・海格斯壯、瑪麗・巴菲特、大衛・克拉克，遠流

班傑明・葛拉漢

《智慧型股票投資人（全新增訂版）》，班傑明・葛拉漢、傑森・茲威格，寰宇

《葛拉漢談財務報表》，班傑明・葛拉漢、史賓瑟・梅瑞迪斯，樂金文化

《價值投資之父葛拉漢》，大是文化

查理・蒙格

《窮查理的普通常識（增修版）》，商業周刊

霍華・馬克斯

《投資最重要的事》，商業周刊

《掌握市場週期》，商業周刊

喬治・索羅斯

《索羅斯金融煉金術（中文新譯版）》，寰宇

《索羅斯談索羅斯》，堡壘文化

瑞・達利歐

《原則》，商業周刊

《大債危機》，商業周刊

《新世紀金融怪傑》，傑克・史瓦格，寰宇

《頂尖避險基金經理人的形成》，馬妮特・阿胡賈，寰宇

● 威廉・歐尼爾

《投資人的生存戰役》，傑洛德・羅布，堡壘文化（電子書）
《傑西・李佛摩股市操盤術》，傑西・李佛摩、理查・史密登，寰宇
《笑傲股市》，寰宇
《股市放空獲利術》，威廉・歐尼爾、吉爾・莫萊爾斯，寰宇
《股市放空獲利術2》，吉爾・莫萊爾斯、克利斯・凱馳，寰宇

● 彼得・林區

《彼得林區：選股戰略》，彼得・林區、約翰・羅斯查得，財信出版
《彼得林區：學以致富》，彼得・林區、約翰・羅斯查得，財信出版
《彼得林區：征服股海》，彼得・林區、約翰・羅斯查得，財信出版

● 約翰・柏格

《夠了》，早安財經
《約翰柏格投資常識（全新增訂&十周年紀念版）》，寰宇
《堅持不懈》，商周出版
《文化衝突》，寰宇
《共同基金必勝法則（十年典藏版）》上、下，寰宇

● 比爾・葛洛斯

《債券天王PIMCO葛洛斯》，提摩斯・米德頓，財信出版（已絕版）
《債券天王》，瑪莉・蔡爾姿，商周出版

● 馬克・墨比爾斯

《投資護照》，馬克・墨比爾斯、史蒂芬・凡尼契爾，商周出版（已絕版）
《通膨的真相》，商周出版

● 安德烈・科斯托蘭尼

【科斯托蘭尼的投機世界（修訂版）】（《一個投機者的告白》、《金錢遊戲》、《證券心理學》三書），商業周刊

向12位大師學投資

作者	商業周刊
商周集團執行長	郭奕伶
商業周刊出版部	
總監	林雲
責任編輯	林亞萱
協力編輯／撰稿	王和元
封面設計	Javick工作室
內頁設計、排版	陳姿秀
出版發行	城邦文化事業股份有限公司 商業周刊
地址	104台北市中山區民生東路二段141號4樓
	電話：（02）2505-6789 傳真：（02）2503-6399
讀者服務專線	（02）2510-8888
商周集團網站服務信箱	mailbox@bwnet.com.tw
劃撥帳號	50003033
戶名	英屬蓋曼群島商家庭傳媒股份有限公司城邦分公司
網站	www.businessweekly.com.tw
香港發行所	城邦（香港）出版集團有限公司
	香港灣仔駱克道193號東超商業中心1樓
電話	(852) 2508-6231傳真：(852) 2578-9337
E-mail	hkcite@biznetvigator.com
製版印刷	中原造像股份有限公司
總經銷	聯合發行股份有限公司 電話：（02）2917-8022
初版1刷	2023年7月
定價	400元

ISBN（平裝）978-626-7252-73-4
EISBN （PDF）9786267252741 ／（EPUB）9786267252758

（本書為《一張圖看懂10位投資大師的致富之道》增修版）

國家圖書館出版品預行編目(CIP)資料

向12位大師學投資：他們跨世紀的投資修煉，領你走上財富之路／商業周刊著. -- 初版. -- 臺北市：城邦文化事業股份有限公司商業周刊, 2023.07
256面；22×17公分
ISBN 978-626-7252-73-4(平裝)
1.CST: 投資理論 2.CST: 投資技術
563.52 112007905

藍學堂

學習・奇趣・輕鬆讀